인류 문명을 바꾼
아름다운 색깔 이야기

교과 연계 추천 도서
국어 5학년 1학기 10단원 주인공이 되어
국어 6학년 2학기 1단원 작품 속 인물과 나
과학 5학년 2학기 2단원 생물과 환경
도덕 4학년 6단원 함께 꿈꾸는 무지개 세상

진짜진짜 공부돼요 26

인류 문명을 바꾼 아름다운 색깔 이야기

2022년 3월 18일 초판 1쇄

지은이 신현배 그림 이소영
펴낸이 김숙분 디자인 김은혜·김바라 영업·마케팅 이동호
펴낸 곳 (주)도서출판 가문비 출판등록 제 300-2005-60호
주소 (06732) 서울 서초구 서운로 19, 1711호(서초동, 서초월드오피스텔)
전화 02)587-4244/5 팩스 02)587-4246 이메일 gamoonbee21@naver.com
홈페이지 www.gamoonbee.com 블로그 blog.naver.com/gamoonbee21/
제조국 대한민국 사용 연령 8세 이상
주의사항 종이에 베이거나 긁히지 않게 조심하세요.
ISBN 978-89-6902-445-9 73810

© 2022 신현배

- 책값은 뒤표지에 있습니다.
- 잘못된 책은 구입하신 곳에서 바꾸어 드립니다.
- 이 책의 내용과 그림은 저자와 출판사의 허락 없이 사용할 수 없습니다.

인류 문명을 바꾼 아름다운 색깔 이야기

신현배 지음 · 이소영 그림

작가의 말

우리가 사는 세상은 흑백이 아니라 총천연색이에요. 우리와 호흡하는 자연뿐만 아니라 도시 문명, 일상생활을 들여다보아도 늘 접하게 되는 것은 다양한 색깔이에요. 우리가 입고 다니는 옷, 삼시 세끼 먹는 음식들까지 온갖 색깔을 담고 있어요.

그런데 이 색깔들은 사람의 시각을 자극하는 광학적 대상에만 머무르지 않아요. 인간의 감정이나 행동, 정서 상태와 깊이 관련되어 있으며, 인간에게 영향을 미치는 여러 가지 상징적 의미를 지니고 있어요.

『인류 문명을 바꾼 아름다운 색깔 이야기』는 아름다운 색깔 연구소 소장인 김초록 박사의 입을 빌려 초등학교 어린 독자들에게 들려주는 색깔 이야기예요. 방학 때 창희·세라 남매가 동네 도서관에서 열린 '어린이 색깔 교실' 강좌에 등록하면서 이야기가 시작된답니다.

이 책은 빨강·파랑·노랑·하양·검정·초록·보라·주황, 그리고 우리나라의 전통 색인 오방색 등 대표적인 색들에 관한 여러 이야기를 모아 엮은 것이에요. 이 색깔들은 어떤 의미를 담고 있으며, 어떻게 사람들에게 영향을 미치고 인류 문명을 바꾸어 왔는지 자세히 다루었어요.

또한 사람은 왜 피부색이 서로 다른지, 동물의 보호색은 무엇인지, 우리는 어떻게 색을 보며 색은 언제 처음 사용되었는지, 생활 속에서 만나는 색은 어떤 것이 있는지 살펴보았어요. 그리고 색에 대한 다양한 정보와 흥미로운 이야기들을 각 장이 끝날 때마다 집중적으로 소개했어요.

어린이 여러분들이 이 책을 통해 색에 대해 제대로 알아, 건강하고 지혜로운 사람으로 성장했으면 좋겠어요.

지은이 신현배

제1장 '어린이 색깔 교실'이 열리다 • 9
사람은 왜 피부색이 서로 다를까? • 25
임진왜란 때 참전한 명나라 군에는 흑인 용병이 있었다? • 26

제2장 동물은 몸 색깔로 자신을 보호한다? • 28
얼룩말 줄무늬는 보호색이다? • 35
서양에서는 죄수들이 줄무늬 옷을 입었다? • 35

제3장 우리는 어떻게 색을 볼까? • 37
색을 구분하지 못하는 색맹 • 44
위대한 과학자 돌턴은 색맹이었다? • 44

제4장 색은 언제 처음 사용되었을까? • 47
자연 현상의 색은 빛의 산란으로 만들어진다? • 58
튜브 물감이 없었다면 모네도 세잔도 인상주의도 없었다? • 59

제5장 생활 속에서 만나는 색 • 60
붉은 바다 '홍해'와 검은 바다 '흑해' • 73
국기에 사용하는 색 • 73

제6장 빨강은 전쟁의 색, 권력자의 색? • 75
극진한 환영과 영접의 뜻을 담아 까는 빨간 카펫 • 92
빨강을 좋아하는 사람의 성격 • 93

제7장 파랑은 인류가 가장 좋아하는 색? • 94
청바지는 처음에 천막용 천으로 만들어졌다? • 104
파랑을 좋아하는 사람의 성격 • 105

제8장 노랑은 황제의 색? • 106
노란색을 즐겨 썼던 화가, 고흐 • 122
노랑을 좋아하는 사람의 성격 • 123

제9장 하양은 성스러운 신의 색? • 124
새하얀 웨딩드레스는 어떻게 생겨났나? • 135
하양을 좋아하는 사람의 성격 • 136

제10장 검정은 위협과 공포, 복종을 불러일으키는 색? • 137
검은 고양이는 악마의 세력과 손잡은 사악한 존재다? • 149
검정을 좋아하는 사람의 성격 • 150

제11장 초록은 악을 상징하는 색? • 151
수술복은 왜 초록색일까? • 160
초록을 좋아하는 사람의 성격 • 161

제12장 보라는 귀하고 비싼 색? • 162
'보라색의 성지'로 불리는 박지도와 반월도 • 178
보라를 좋아하는 사람의 성격 • 179

제13장 주황은 네덜란드 국민의 색? • 180
눈에 잘 띄는 색, 주황 • 188
주황을 좋아하는 사람의 성격 • 189

제14장 우리나라의 전통 색, 오방색 • 190
어린이들이 입는 색동옷 • 205
관복은 품계에 따라 색이나 모양이 달랐다? • 206

보호색의 대가는 카멜레온?

제1장
'어린이 색깔 교실'이 열리다

오늘은 동네 도서관에서 '어린이 색깔 교실'이 열리는 날입니다. 창희와 세라 남매는 방학 중이었지만 다른 날보다 일찍 일어났습니다. 오전 10시에 시작되는 '어린이 색깔 교실'에 가야 한다며 엄마가 남매를 일찍 깨웠습니다.

세라는 눈을 비비며 투덜거렸습니다.

"칫, 도서관이 집에서 가까운데 엄마는 왜 이렇게 일찍 깨워. 9시에 일어나도 되는데……."

"그러게 말이야. 세수하고 밥 먹고 20분이면 충분한데……."

창희가 맞장구를 쳤습니다.

하지만 엄마는 눈을 부라리며 말했습니다.

"'어린이 색깔 교실'에 9시 50분까지는 도착해야 하는데, 9시에 일어나서 언제 도서관에 가니? 첫날부터 지각을 해야 되겠니?"

"알았어, 엄마. 오늘 오시는 강사 선생님은 '아름다운 색깔 연구소' 소장님이라고 하니, 도서관에 미리 가서 여러 가지 색깔 이야기를 빠짐없이 듣고 올게."

"당연히 그래야지. 방학 때마다 도서관에서 열리는 '어린이 교양 강좌'가 그렇게 재미있고 유익하다며?"

"당근이야. '어린이 전염병 교실'과 '어린이 재난 교실'에 참석했는데, 너무 재미있어서 사흘이 어떻게 지나갔는지 모를 정도였어. 이번 강의도 기대가 돼."

창희와 세라는 세수를 하고 아침을 먹었습니다.

엄마는 남매가 입을 외출복을 내놓았습니다. 창희와 세라는 외출복을 보고 눈살을 찌푸렸습니다.

"엄마도 참……. 왜 자꾸 분홍색 옷을 주는 거야? 이 옷을 입으면 여자애 같잖아."

"또 노란색 옷이야? 이 옷을 입으면 뚱뚱해 보인단 말이야. 엄마, 검은색 옷을 꺼내 줘. 그래야 날씬해 보인단 말이야."

그러자 엄마가 어이없다는 표정을 지었습니다.

"애들이 참……. 이 옷들이 어때서 그래? 내가 보기엔 아주 멋진

데…….”

"아니야, 엄마! 제발 이 옷만은…….”

"나도 그래. 사양할래.”

"그러니까 옷 색깔이 마음에 들지 않는다는 거지?”

"그래.”

"그럼 너희 마음에 드는 색깔을 골라 볼래?”

창희는 초록색 옷, 세라는 검은색 옷을 옷장에서 골랐습니다.

아이들이 옷을 갈아입자, 엄마는 못마땅하다는 듯 입술을 씰룩거리더니 이렇게 말했습니다.

"옷 색깔이 그게 뭐니? 아무리 봐도 너희한테 어울리지 않아.”

"엄마, 제 눈에 안경이라고 했어. 우리만 좋으면 되지, 뭘 그래?”

창희와 세라는 가방을 둘러메고 집을 나섰습니다.

창희가 세라를 돌아보며 말했습니다.

"엄마가 웬일이지? 다른 날 같으면 엄마가 골라 준 옷을 강제로라도 입혔을 텐데, 양보를 다 하고…….”

"오늘 색깔에 대해 많은 것을 배우고 와서 엄마한테 색채감이 없다고 이러쿵저러쿵 타박할까 봐 그러는 거지.”

"아, 그렇구나. 그런 깊은 뜻이 숨어 있었다니!”

창희와 세라는 아파트 단지를 벗어나 도서관으로 향했습니다. 도서관은 대형 쇼핑센터 옆에 나란히 서 있었습니다.

남매는 도서관 1층으로 들어갔습니다. 그러자 문화 교실 문에 '어린이 색깔 교실'이라고 적힌 종이가 붙어 있었습니다.

문화 교실에는 10여 명의 아이가 앉아 있었습니다. 대부분 지난번 '어린이 전염병 교실'과 '어린이 재난 교실'에서 함께 강의를 들었던 친구들이었습니다.

'똥배'라는 별명을 가진 동배가 먼저 인사했습니다.

"창희야, 안녕! 그동안 잘 지냈어?"

"그래, 똥배야. 방학하고 처음이지? 시골 가서 많이 먹었나 봐. 똥배가 더 나왔네."

동배는 대답 대신 히죽 웃기만 했습니다. 아무리 놀려도 화를 낼 줄 모르는 순한 아이였습니다.

창희는 연두를 발견하고 큰 소리로 인사했습니다.

"연두야, 굿모닝! '어린이 색깔 교실'에서 네가 빠질 리 없지. 천연두에서 연두색으로, 놀라운 변신이야."

"너 또 까불래? 내 이름 가지고 놀리지 않겠다고 했잖아."

"아 참, 그랬지! 미안, 미안."

창희는 말 많은 연두가 눈을 치켜뜨자 얼른 사과했습니다. 연두와 입씨름하는 것이 피곤한 일입니다. 세라의 학원 친구인 다은이도 있었습니다.

"다은아, 여기서 또 보네."

"그래, 세라야. 내 옆에 앉아."

세라는 권하는 대로 다은이 옆자리에 가서 앉았습니다.

창희는 동배 옆자리에 털썩 엉덩이를 걸쳤습니다.

동배는 핸드폰을 책상 위에 올려놓고 자기가 응원하는 프로 축구팀 경기 동영상을 보고 있었습니다.

창희는 핸드폰으로 눈길을 돌리며 아는 척을 했습니다.

"브라질 흑인 용병 시니오가 나오네. 너, 시니오 팬이지?"

"어떻게 알았어? 시니오는 K리그 득점왕이야. 골 결정력이 좋아서 슈팅만 하면 골인이야."

평상시엔 조용한 동배지만, 시니오 이야기가 나오자 말이 많아졌습니다. 동배는 신바람이 나서 혼자 떠들어댔습니다.

그때 문화 교실 안으로 도서관 사서 선생님이 들어왔습니다. 그리고 그 뒤로 초록색 양복을 입은 아저씨가 들어왔습니다.

"여러분, 오래 기다렸죠? 오늘부터 수요일까지 사흘 동안 색깔에 관한 이야기를 들려주실 강사 선생님을 소개할게요. 아름다운 색깔 연구소 소장인 김초록 박사님이에요."

"친구들, 안녕! 만나서 반가워!"

아이들이 박수를 치자, 김초록 박사는 기다렸다는 듯이 머리를 숙여 인사했습니다.

그때 창희가 큰 소리로 외쳤습니다.

"박사님은 어쩌면 그렇게 색채 감각이 뛰어나세요? 저처럼 초록색 옷을 입으셨어요."

김초록 박사는 환한 웃음을 지으며 말했습니다.

"내 이름이 '김초록'이잖니. 이름값을 하느라 초록색 옷을 입고 다니는 거야."

"그렇군요. 참 멋있어요. 그런데 박사님, 젊으신데 왜 그렇게 흰 머리가 되셨어요? 혹시 스트레스를 많이 받아서 하룻밤 사이에 흰 머리가 되셨나요?"

창희가 묻자 김초록 박사가 대답했습니다.

"갑작스러운 충격과 공포로 하룻밤 사이에 머리가 하얗게 변했다는 이야기는 역사 속에서도 찾아볼 수 있어. 프랑스 혁명 때 루이 16세의 아내인 왕비 마리 앙투아네트는 단두대의 이슬로 사라졌는데, 처형 당일 흰 머리로 나타나서 사람들을 놀라게 했대. 극도의 공포에 사로잡혀 하룻밤 사이에 머리카락이 하얗게 변했다는 거야.

동양에도 이와 비슷한 이야기가 있어. 중국 양나라 때 학자인 주흥사는 황제 무제에게 '하룻밤 사이에 한자책인 『천자문』을 완성하여 바쳐라.'라는 명을 받았지. 그는 밤을 꼬박 새워 『천자문』을 완성하여 바쳤는데, 얼마나 스트레스를 많이 받았는지 하룻밤 사이에 머리카락이 하얗게 변했다는 거야. 하지만 이런 일은 전설 속에서나 가능할 뿐, 현실적으로는 일어날 수 없는 일이야. 과학적 근거가 없는 일이지. 한 번 생각해 봐. 스트레스를 받아 흰 머리카락이 나오기는 하지만, 그것이 눈에 띄게 자라는 데는 몇 주일 이상 걸리지. 그러므로 하룻밤 사이에 머리카락 전체가 하얗게 되는 일은 일어날 수 없단다. 머리카락을 하얗게 염색하면 모를까……."

다은이가 물었습니다.

"그럼 박사님은 염색하여 흰 머리가 되셨나요?"

"하하, 너희들이 내 머리에 관심이 많구나. 유전적인 영향 때문에 머리카락이 하얗게 변했단다. 아버지도 할아버지도 이미 40세 이전에 흰 머리가 되셨거든. 나처럼 젊은 나이에 생긴 흰 머리를 '새치'라고 하지. 새치는 유전적인 영향으로 나타나는 경우가 많고, 스트레스가 원인이 되어 생기기도 해. 보통은 나이가 들어 흰 머리가 나는데, 그것은 멜라닌 세포와 관련이 깊단다. 사람의 몸에는 피부색과 머리카락 색을 결정하는 멜라닌 세포가 있거든. 모낭에 멜라닌 세포가 있어서, 멜라닌 색소의 많고 적음에 따라 머리카락의 색이 정해지지. 멜라닌 색소가 많을수록 검은색, 적을수록 갈색, 아예 없어지면 흰 머리가 되는 거야. 나이가 들면 신진대사가 느려져 멜라닌 색소를 많이 만들지 못하므로 흰 머리가 되는 거란다."
창희가 손을 들었습니다.
"박사님, 질문이 있어요. 제가 오늘 강의를 듣기 전에 옆에 앉은 똥배와 축구 선수 이야기를 했거든요. K리그 득점왕인 브라질 용병 시니오는 흑인인데, 피부색이 검은 이유가 멜라닌 색소가 많아서인가요?"
창희의 질문에 김초록 박사가 대답했습니다.
"좋은 질문이다. 사람의 피부색은 사는 곳에 따라 다르지. 아프리카 사람들은 피부색이 검어 '흑인'이라고 해. 다른 지역에 사는 사람들보다 햇볕을 많이 받아 멜라닌 색소가 늘어나 피부가 검게 변한 거지. 강한 자외선에 노출되면 몸에 좋지 않기에, 우리 몸을 보호하려고 멜라닌 색소를 많이 만들어 방패 역할을 하는 거란다. 그런데 정작 아프리카 사람들은 자신들의 검은 피부색에 대해 어떻게 생각했는지 아니? 저주를 받아 조상 대대로 검은 피부색을 갖게 되었다는 거야.
아프리카 카메룬 지역에서 전해 내려오는 이야기에 따르면, 검은 피부색을 갖게 된 것이 아버지의 말을 듣지 않아서라나. 어느 날 두 아이가 산속에서 놀다가 온몸이 더럽혀졌어. 아버지는 두 아이에게 바다에 가서 몸을 깨끗이 씻으라고 했지. 그런데 한 아이는 아버지가 시키는 대로 바닷속에 들어가 깨끗이 몸을 씻은 데 비해, 다른 아이는 씻기 싫어 발바닥과 손바닥만 물에 적신 채 집으로 돌아왔단다. 이 사실을 안 아버지는 노발대발하여 목욕하지 않은 아이에게 소리쳤어.

'고얀 녀석! 아버지 말을 듣지 않아? 너는 죽을 때까지 새까만 몸으로 살아가야 한다. 네 후손도 마찬가지다. 다만 발바닥과 손바닥은 물에 적셨으니 그 부분만 하얗게 될 것이다.'

아이는 아버지가 내린 벌로 평생 새까만 몸으로 살아야 했고, 그의 후손들도 대대로 그렇게 살아야 했단다."

"아프리카 사람들에게 그런 사연이 있었군요. 검은 피부색으로 자자손손 살아야 한다니 끔찍한 형벌이에요."

세라가 안타깝다는 표정을 지었습니다.

하지만 연두는 빙글빙글 웃으며 김초록 박사에게 긴급 제안을 했습니다.

"박사님, 저희는 '어린이 전염병 교실', '어린이 재난 교실'에 이어 '어린이 색깔 교실'까지 연속 수강 신청을 한 모범생들인 거 아시죠? 박사님도 들으셨는지 모르겠지만, 우리 동네 도서관 '어린이 교양 강좌'에는 강사 선생님이 반드시 흥미진진한 옛이야기를 한 토막씩 끼워 넣는 전통이 있답니다. 저희는 참을성이 부족하여 지루하고 재미없으면 두 시간 동안 못 앉아 있거든요."

"호, 그러니? 그럼 내가 그 전통을 지킨 셈이네. 아프리카 사람들이 검은 피부색을 갖게 된 사연을 들려주었으니 말이야."

김초록 박사가 이렇게 말하자 아이들은 무슨 소리냐며 눈을 동그랗게 떴습니다.

"무슨 이야기가 그리 짧아요? 좀 더 길고 재미있는 이야기를 들려주세요."

"그래요, 짧은 이야기는 반칙이에요. 금방 끝나서 아쉬웠어요."

"박사님, 제발 부탁드려요."

아이들의 성화에 김초록 박사는 고개를 끄덕였습니다.

"좋아. 피부색 이야기가 나왔으니 흑인종, 백인종, 황인종이 생겨난 이야기를 들려주지."

"와, 신난다!"

아이들은 눈을 번쩍 뜨고 귀를 기울였습니다.

아주 오랜 옛날, 아프리카 나이지리아의 요루바 지방에 이페 마을이 있었어. 이 마을은 이 세상에 처음 생긴 마을이었지. 하느님의 뜻에 따라 사람들이 마을에 모여 살았어.

이페 마을 사람들은 모두 흑인이었어. 흰 이와 흰자위를 빼고는 온몸이 석탄처럼 까맸어. 이들은 요루바 말을 쓰고 있었단다.

마을 사람들은 가난이 무엇인지 전혀 몰랐어. 필요한 것이 있으면 하느님의 사자가 모두 가져다주었거든. 양식이 떨어지면 양식을 주고, 옷이 해지면 옷을 주었지.

마을 사람들 가운데는 헐벗거나 굶주리는 사람이 아무도 없었어. 모두가 공평하게 갖고 평등하게 살아갔어. 따라서 그 마을에는 가난뱅이도 없고 부자도 없었지.

어느 날 마을 사람 하나가 불평을 늘어놓았어.

"이 마을에 사는 것도 이젠 지겨워. 모두 살갗이 까맣고, 똑같은 말을 쓰며, 가진 것도 똑같지 않은가? 부자도 없고 가난뱅이도 없고…… 정말 따분하고 재미없는 마을이야."

다른 사람들이 맞장구를 쳤어.

"맞아, 맞아. 왜 우리는 이렇게 살아야 하지? 모든 사람이 똑같아야

하니…….."

"그렇게 살 필요가 어디 있어? 서로 다르게 살 수도 있는데."

마을 사람들은 하느님의 사자를 만났을 때 자신들의 불만을 털어놓았어.

"왜 우리는 모두가 똑같이 살아야 하죠? 난 옆집과 똑같은 집에서 사는 것이 싫어요. 옆집보다 큰 집에서 살고 싶어요."

"내 피부 빛깔은 왜 까맣죠? 남들과 달라 보이게 하얀 피부나 누런 피부를 갖게 해 주세요."

"난 남들과 다르게 창고에 재물을 가득 쌓아 두었으면 좋겠어요. 우리 마을에서 가장 큰 부자가 되고 싶거든요."

"남들보다 지위가 높아질 수는 없나요? 아랫사람들을 거느리며 살고 싶어요."

하느님의 사자는 이페 마을 사람들의 이야기를 귀담아들었다가 하느님에게 그대로 전했단다. 하느님은 어이없다는 표정을 지으며 말했지.

"참으로 어리석기 짝이 없구나. 모두가 잘살게 하려고 무엇이든 공평하게 나누어 주었건만, 남들과 다르게 해 달라고 아우성쳐? 너는 마을로 돌아가 내 말을 전해라. '너희들이 원하는 대로 해 주면 서로 많은 것을 가지려고 싸움이 그치지 않을 것이다.'"

"예, 알겠습니다."

하느님의 사자는 이페 마을로 가서 하느님의 말을 전했어.

그러나 마을 사람들은 하느님의 말을 들으려 하지 않았어. 흥분된 목소리로 저마다 이렇게 떠들어댔어.

"하느님도 참 답답하시네요. 왜 우리가 원하는 대로 해 주시지 않죠?"

"그런 하느님이라면 우리가 모실 필요가 없어요."

"맞아요. 우리의 소원도 들어주지 않는 분이라면 더 이상 섬기지 맙시다."

하느님의 사자는 마을 사람들의 말을 빠짐없이 하느님에게 전했어. 하느님은 말없이 듣고 나서 찬바람이 도는 목소리로 말했단다.

"알았다. 그들이 원하는 대로 해 주어라."

"예, 하느님."

하느님의 사자는 이페 마을로 내려가 마을 사람들의 소원을 모두 들어주었어. 큰집에서 살고 싶다는 사람에게는 궁전 같은 집을 지어 주었어. 하얀 피부를 원하는 사람에게는 하얀 피부를 주었으며, 누런 피부를 원하는 사람에게는 누런 피부를 주었어. 부자가 되고 싶다는 사람에게는 창고에 쌓을 곳이 없을 만큼 많은 재물을 주었지. 그리고 높은 지위를 원하는 사람에게는 많은 사람을 다스리는 벼슬과 권세를 주었어.

하느님의 사자는 마을 사람들이 원하는 대로 해 주고 하늘나라로 돌아갔어.

그런데 그 직후 이페 마을은 싸움이 끊이지 않는 마을로 변하고 말았단다.

마을 사람들은 만나기만 하면 서로 잡아먹을 듯이 노려보았어.

'저놈은 어째서 궁전 같은 집에서 사는 거야? 잘난 것도 하나 없으면서……. 아유, 기분 나빠.'

'저 녀석은 밀가루를 뒤집어썼나? 피부색이 뭐 저래? 그리고 저 녀석은 왜 누리끼리한 거야?'

'저 녀석 집은 창고에 쌓을 곳이 없을 만큼 재물이 넘쳐나는데, 우리 집은 가진 것이 별로 없으니……. 오늘 밤에 저 녀석의 창고를 털까?'

'저놈 좀 봐. 높은 벼슬에 올랐다고 거들먹거리기는……. 눈꼴사나워서 못 봐주겠네. 저놈을 벼슬에서 쫓아낼 수는 없을까? 그 자리는 내가 차지하는 거야.'

마을 사람들은 상대를 미워하여 원수처럼 여겼으며, 서로 더 많이 가지려고 물고 뜯고 싸웠어.

그러는 동안 그들 사이에선 어느새 서로 쓰는 말이 달라지기 시작했어. 이제까지는 모두 요루바 말을 썼는데 제각기 쓰는 말이 달라졌어. 그러다 보니 사람들은 서로 말이 통하지 않게 되었고, 같은 말을 쓰는 사람들끼리만 어울려 다녔지. 그들은 뿔뿔이 흩어져 마을 밖으로 나가 살았어. 그래서 다른 부족들이 생겨났단다.

하느님이 첫 마을을 평등의 마을로 만들어 주었지만, 사람들이 누릴 줄 몰라 불평등한 세상이 되어 버렸지. 이때부터 세상에는 검은 피부를 가진 흑인종뿐만 아니라, 하얀 피부를 가진 백인종, 누런 피부를 가진 황인종이 생겨났단다.

사람은 왜 피부색이 서로 다를까?

지구상의 인류는 피부 · 눈 · 키 · 얼굴 · 머리카락 · 입술 · 코 등의 모양이나 색깔 등 신체적인 특징에 따라 백인종 · 흑인종 · 황인종으로 구분해요.

피부색이 하얀 백인종은 머리카락이 물결 모양에 금색이나 갈색이에요. 키가 크고 코가 높으며, 눈은 파랗거나 회색이지요. 주로 유럽이나 아메리카 · 오세아니아 등지에 살고 있어요.

피부색이 검은 흑인종은 머리카락이 꼬불꼬불하고 검은색이에요. 눈과 입술이 튀어나왔으며 코가 납작하지요. 주로 아프리카나 아메리카에 살고 있어요.

피부색이 누런 황인종은 머리카락이 곧고 짙은 갈색이에요. 눈동자가 검은색이고 키가 작지요. 우리나라를 비롯한 아시아 지역에 살고 있어요.

인종마다 피부색이 서로 다른 것은 일조량과 관계가 있어요. 일조량이 많으면 흑인종, 적으면 백인종, 적당하면 황인종이 되지요. 많은 햇볕을 쬘 수 있는 곳에서는 멜라닌 색소가 늘어나 피부색이 검게 변해요. 반대로 햇볕이 적은 곳에서는 멜라닌 색소가 적게 나와 피부색이 하얗게 되어, 햇볕을 많이 흡수하는 거랍니다.

19세기에 백인들은 피부색에 따른 인종 차별을 하여, 백인종이 흑인종 · 황인종보다 더 우수하다고 믿었지요. 이것을 '인종 차별주의'라고 해요. 백인들은 흑인들을 야만적인 인종이라고 생각하여 미국에서는 노예로 부렸어요. 노예 제도가 폐지된 뒤에도 흑인 차별은 사라지지 않았지요.

현대의 과학자들은 백인종·흑인종·황인종 등 인종 간의 차이는 거의 없다는 사실을 밝혀냈어요. 인종 간의 유전적 차이는 0.012%밖에 되지 않고, 그것도 지능이 아닌 피부색·눈동자 색·머리카락 색의 차이라고 해요. 그러니 인종 차별주의가 얼마나 터무니없는 엉터리 이론인지 알겠지요?

임진왜란 때 참전한 명나라군에는 흑인 용병이 있었다?

요즘은 축구·야구·농구·배구 등 우리나라 프로 스포츠 종목에서 눈부신 활약을 하는 외국인 선수들을 많이 찾아볼 수 있어요. 이들은 대가나 보수를 받고 다른 나라 집단을 위해 싸우는 군대인 '용병'이라는 이름을 붙여 '용병 선수'로 불리고 있지요.

이들 외국인 선수 가운데는 '흑인 용병'이 많아요. 그런데 흑인 용병은 이미 조선 시대 임진왜란 때 처음 우리나라에 왔답니다.

『조선왕조실록』에 보면 이런 기록을 찾아볼 수 있어요.

1598년(선조 31년) 5월 26일 선조는 임진왜란에 참전한 명나라군의 팽유격 장군을 찾아가 주연을 베풀었어요. 그 자리에서 팽유격 장군은 자신의 군대에 신병(神兵)이 있다며 선조에게 한 흑인 용병을 소개했어요.

"조선에서 15만 리쯤 떨어진 곳에 있는 파랑국(포르투갈) 사람입니다. 파랑국은 바다 셋을 건너야 도착하는 머나먼 곳에 있지요. 이 사람은 조총도 잘 쏘고, 모든 무술에 뛰어납니다."

『조선왕조실록』에는 신병에 대해 이렇게 기록되어 있어요.

이름은 해귀(바다귀신)다. 눈동자가 노랗고 얼굴, 팔다리 등 온몸이 까맣다. 턱수염과 머리카락이 곱슬곱슬한데 검은 양털처럼 짧게 꼬부라져 있다. 이마가 대머리로 시원하게 벗겨졌는데, 한 필이나 되는 누런 비단을 반도(3천 년에 한 번 열린다는 전설 속의 복숭아)의 형상으로 머리에 말아 올렸다. 바닷속에 들어가 적선에 대한 공격도 하고, 며칠 동안 물속에서 물고기를 잡아먹으며 지낸다. 이런 사람은 중국 사람도 보기가 쉽지 않다.

흑인 용병을 '해귀(바다귀신)'라고 하다니, 그 표현이 놀랍지요?
이 흑인 용병을 파랑국(포르투갈) 사람이라 했지만, 아마도 노예로 팔려온 아프리카 사람일 거예요. 하지만 흑인 용병은 전투에서 별다른 활약을 하지 못했어요. 공을 세웠다면 『조선왕조실록』에 그 기록이 나올 텐데, 선조에게 소개된 뒤로 그 이름이 더 이상 나오지 않거든요.

제2장
동물은 몸 색깔로 자신을 보호한다?

김초록 박사가 이야기를 마치자 아이들이 차례로 입을 열었습니다.
"이페 마을 사람들은 어쩜 그렇게 어리석어요? 하느님이 똑같이 잘살게 해 주셨는데, 그게 지겹다고 받은 복을 걷어차다니요?"
"왜 이 세상이 약육강식의 세상이 되었는지 이제 알겠어요. 이페 마을 사람들의 욕심 때문에 평등과 평화가 깨지고, 서로를 미워하고 시기하는 불평등한 세상이 되었어요. 박사님의 이야기를 들으니 이페 마을 사람들이 원망스러워요."
"이페 마을 사람들 때문에 이 세상에 백인종, 황인종도 생겼군요. 그렇지 않았다면 온 세상에 흑인종뿐이었을 텐데요."
김초록 박사가 웃으며 말했습니다.

"'어린이 색깔 교실'에 참여한 친구들의 수준이 꽤 높은걸? 옛이야기 한 토막을 듣고도 나름대로 소감을 밝힐 줄 알고……."
창희가 뻐기듯이 말했습니다.
"그걸 이제 아셨어요? 여기에 모인 친구들은 학교에서 손꼽히는 우등생이에요. 저로 말할 것 같으면……."
세라가 재빨리 끼어들었습니다.
"교과서만 펼치면 잠이 오는 열등생이죠."
창희가 세라를 노려보았습니다.
"세라! 너 오빠한테 까불래?"
"사실이잖아. 나는 거짓말할 줄 모른다고."
"누가 네 말을 믿어 주겠니? 박사님도 세라의 말을 곧이듣진 않으시죠?"
김초록 박사가 고개를 끄덕였습니다.
"그래, 창희나 세라나 내 눈에는 다 우등생으로 보이는걸. 남매 같은데 그만 싸우고 내 말 좀 들으렴."
"예, 박사님!"
"여러분에게 사람의 피부색에 관한 이야기를 잠깐 했는데, 이제 동물의 보호색에 대해 이야기를 해 줄까?"
"예!"

"보호색은 동물이 다른 동물들의 눈에 잘 띄지 않도록 자신을 보호하는 색을 말하지. 자신의 몸 색깔을 주변의 자연환경이나 배경과 비슷하게 하여 적의 공격으로부터 자신을 보호하는 거야. 몸이 느리거나 공격당하기 쉬운 동물이, 적에게 들키지 않게 보호색으로 자신의 몸을 숨기는 거지. 예를 들면, 나방의 애벌레는 대부분 초록색이므로 푸른 잎에 있으면 거의 눈에 띄지 않아. 또한 들꿩은 깃털 색이 여름에는 다갈색, 겨울에는 흰색으로 바뀌어 자신을 보호하지. 푸른 등에 하얀 배를 가진 물고기들이 많은데, 그것도 자신을 보호하기 위한 보호색이야. 바다는 하늘에서 내려다보면 파랗게 보이지? 하늘을 날아다니는 새들은 물고기를 노리는데, 바다 색깔과 비슷한 푸른 등을 가지면 눈에 잘 띄지 않지. 바다 밑에서 위를 올려다보면 흰색으로 보인단다. 따라서 하얀 배를 가지면 바닷속에서는 잘 보이지 않아 큰 물고기가 잘 보지 못한단다."

이야기를 듣고 있던 연두가 감탄했습니다.

"아, 그렇군요! 기막힌 위장술이에요. 그런데 박사님, 보호색의 대가는 카멜레온이라면서요? 주위 환경에 맞추어 자유롭게 색을 바꾼다는 게 사실인가요?"

김초록 박사가 고개를 가로저었습니다.

"카멜레온이 몸 색깔을 초록색·갈색·노란색 등으로 바꾸기는 하지만, 주위 환경에 맞추어 자유롭게 색을 바꾸는 것은 아니야. 카멜레온 마음대로 할 수 있는 일은 아니고, 빛이나 온도, 감정의 움직임에 따라 몸 색깔이 변하는 거지. 사람도 부끄러운 일을 겪으면 얼굴이 빨개지고, 공포나 위험을 만났을 때는 창백해지잖니. 이와 마찬가지로 카멜레온도 사랑에 빠지면 몸 색깔이 변하고, 날씨가 덥거나 추우면 체온을 조절하려고 또 바뀌지."

동배가 물었습니다.

"박사님, 궁금한 것이 있어요. 호랑이 몸에 왜 검정과 황토색 줄무늬가 있어요? '백수의 왕'이라고 불리는 호랑이가 설마 자신을 보호하려

고 줄무늬를 갖고 있는 건 아니겠죠?"

동배의 질문에 김초록 박사가 웃음을 터뜨렸습니다.

"하하, 물론이지. 자신을 보호하려는 것이 아니라, 은폐하려고 줄무늬를 갖고 있는 거야. 호랑이의 줄무늬는 나무와 풀이 우거진 숲속에서 자신의 몸을 감추는 데 알맞거든. 그렇게 숨어 있다가 사냥감이 다가오면 한 순간에 덮쳐 사냥을 하는 거야. 북극 지방에 사는 북극곰도 검은색 털이 아닌 흰색 털을 갖고 있는 것은 물개 사냥을 하기 위해서야. 주위가 온통 하얀 눈과 얼음으로 뒤덮였는데, 검은색 털을 가진다면 물개들에게 쉽게 발각되어 사냥에 실패하겠지? 하지만 눈에 잘 띄지 않는 흰색 털을 갖고 있기에 자신을 은폐했다가 물개에게 조심조심 다가가 사냥을 할 수 있는 거야. 이처럼 동물이 주위 환경에 맞춰 자신을 은폐하기 위해 갖고 있는 색을 '은폐색'이라고 해.

그런가 하면 오히려 자기를 노리는 적에게, 화려하거나 선명한 색깔을 드러내는 동물이 있어. 이런 색깔을 '경계색'이라 하는데, 일부러 눈에 잘 띄게 하여 상대방에게 겁을 주는 거지. 이런 동물은 독을 품고 있거나 고약한 냄새를 풍기는 경우가 많단다. 그래서 눈에 잘 띄는 화려한 색을 과시하며 '나한테 가까이 오지 마. 큰코다칠 거야.'라고 알리는 거야. 황색과 검정 줄무늬를 지닌 벌들은 색깔이 참 화려하지? 그런 색깔을 보여 줌으로써 자신이 위협적인 존재임을 나타내는 거지. 실제로 벌을 먹으려다가 입 안을 쏘인 적이 있는 새는, 황색과 검정 줄무늬를 지닌 벌레는 피한다는구나."

연두가 키득키득 웃었습니다.

"벌을 먹으려다가 된통 당했으니 벌벌 떨었겠지요?"

"벌만 보면 벌벌 떨었다? 하하, 말이 되네. 벌에게 쏘인 적이 있는 사람이나 동물이 벌만 보면 벌벌 떨었다고 '벌'이란 이름을 얻었나? 한번 연구해 봐야겠다. ……너희한테 퀴즈를 낼 테니 한번 맞혀 볼래? 벌은 어떤 색을 좋아하고 어떤 색을 싫어할까?"

"……."

아이들은 눈을 반짝이며 생각을 거듭했습니다. 하지만 선뜻 정답을 말하는 아이가 없었습니다.

"모르겠는데요. 박사님이 정답을 말씀해 주세요."

"문제가 너무 어려웠나? 벌이 좋아하는 색은 파란색·보라색·자주색이고, 싫어하는 색은 빨간색이야. 곤충은 특히 파란색을 좋아하는데, 그 이유는 자신이 좋아하는 자외선과 비슷한 색이기 때문이야. 곤충들은 사람이 인식하지 못하는 자외선 영역까지 볼 수 있을 만큼 빛에 민감하게 반응하거든. 물고기들은 시력이 매우 나쁘단다. 눈앞에 있는 물체를 겨우 알아보는 정도이지. 특히 깊은 바닷속에 사는 물고기는 시력이 거의 없단다. 그래도 물고기들은 색을 구분할 수는 있대.

좋아하는 색은 곤충들과 마찬가지로 파란색이고, 싫어하는 색은 대개 빨간색이지.

새의 경우는 어떨까? 새는 색을 감지하는 능력이 사람보다 뛰어나단다. 자외선 영역까지 볼 수 있을 정도야. 하지만 명암을 느끼는 시세포가 약하여, 밤에는 사물을 보지 못하는 야맹증이 나타난다는구나.

포유류 동물은 사람보다 색을 감지하는 능력이 떨어져. 개의 경우에는 빨강과 파랑은 구분하지만 빨강과 초록을 구분하지 못한단다. 맹인 안내견이 횡단보도를 건널 때 신호등을 보고 움직일 수 있는 것은 오랜 훈련의 결과야. 신호등의 색깔을 구분하지 못해서 개들은 명암으로 적신호와 청신호를 구별하는 훈련을 받는단다. 고양이는 야행성으로 흑백의 색깔만 본다고 생각하지만, 그들에게도 색을 감지하는 능력이 있단다. 파랑과 초록은 구분하지만, 붉은색 계열은 구별하지 못한단다."

얼룩말 줄무늬는 보호색이다?

얼룩말은 흰 바탕에 검은 줄무늬를 갖고 있어요. 그래서 '얼룩말'이라고 불리지요. 얼룩말 줄무늬는 몸을 보호하는 보호색 역할을 하고 있어요.

사자·치타 등의 맹수는 얼룩말 무리를 보면 착시 현상을 일으켜요. 줄무늬 때문에 얼룩말 무리가 얼룩덜룩한 큰 덩어리로 보이거든요. 그리고 표적으로 삼은 얼룩말이 무리 속으로 들어가면 줄무늬 때문에 찾지 못해요. 그래서 결국 사냥을 포기하고 돌아서지요.

연구 결과에 따르면, 얼룩말 줄무늬는 얼룩말의 체온을 조절해 준다고 해요. 한여름에 폭염 가운데 있으면 체온이 상승할 수밖에 없는데, 흰색 검은색 줄무늬 사이에 난기류가 생겨 피부를 식혀 준다는 거예요.

또한 얼룩말 줄무늬는 파리를 쫓는 역할도 한대요. 얼룩말은 다른 말보다 파리가 훨씬 적게 앉는데, 그 이유는 줄무늬가 시각적으로 혼란을 주어 파리가 제대로 착륙하지 못해서래요.

서양에서는 죄수들이 줄무늬 옷을 입었다?

13세기 예루살렘 성지 회복을 위해 원정을 떠났던 십자군이 이슬람 군대에게 패하고 프랑스 파리로 돌아왔을 때의 일이에요. 십자군에는 가르멜 수도회 수도사들이 섞여 있었어요. 이들은 줄무늬 망토를 입고 있었어요. 사람들은 이들의 모습을 보자 이렇게 비난했어요.

"이럴 수가! 수도사들이 이슬람 망토를 입고 있어!"

수도사들의 줄무늬 망토는 이슬람 망토와 비슷했어요. 그래서 사람들은 수도사들이 이슬람 망토를 입었다고 비난을 퍼부었던 거예요. 그러자 교회 당국은 성직자들이 줄무늬 옷을 입는 것을 금지하는 법을 만들어 발표했어요. 이 법을 어기고 줄무늬 옷을 입은 성직자는 사형에 처했어요.

이때부터 줄무늬는 '악마의 무늬'로 세상에 알려졌어요. 줄무늬를 지닌 호랑이·표범·하이에나·얼룩말 등의 동물은 '사탄의 지배를 받는 동물'로 낙인찍혔지요.

게르만 관습법을 소개한 독일의 유명한 법령집 『작센 슈피겔』에는 "사생아나 농노·죄수들은 줄무늬 옷을 입어야 한다."라고 밝혀 놓았어요. 그 뒤에도 유럽에서는 풍각쟁이·어릿광대·사형 집행인 등까지 줄무늬 옷을 입어야 했답니다.

그러나 줄무늬는 1776년 미국 독립전쟁을 거치면서 긍정적인 의미를 지니게 되었어요. 미국 독립 혁명군은 13개의 줄무늬가 그려진 깃발을 앞세우고 독립전쟁을 치렀거든요. 그 뒤로 1789년 프랑스 혁명이 일어나 3개의 줄무늬가 그려진 삼색기를 채택하면서, 줄무늬는 자유와 독립을 상징하는 무늬가 되었지요.

하지만 줄무늬는 18-20세기 유럽에서 죄수들이 입는 옷에 꼭 들어가 죄수를 상징하는 기호가 되었어요. 프랑스·영국·독일·러시아 등 대부분의 나라에서 죄수들에게 줄무늬 옷을 입혔거든요.

제3장
우리는 어떻게 색을 볼까?

김초록 박사가 잠시 말을 멈추고 아이들을 천천히 둘러보았습니다.
"오늘 이 자리에 온 친구들은 모두 화려하고 멋진 옷을 입었네. 창희는 나처럼 초록색 옷을 입었고, 동생 세라는 검은색 옷을 입었어. 다른 친구들은 노란색, 빨간색, 보라색, 주황색, 흰색 옷을 입었고……."
창희가 재빨리 김초록 박사의 말을 가로챘습니다.
"박사님 보시기에도 '어린이 색깔 교실' 패션 왕은 바로 이 창희죠?"
김초록 박사가 웃으며 대답했습니다.
"그랬으면 오죽 좋겠니? 내가 보기엔 모든 친구들이 옷을 잘 입어서 창희 너만을 패션 왕으로 뽑을 수 없단다."
"그래요? 너무너무 아쉽네요."

"아쉬워하지 마라. 너도 패션 왕이고 다른 친구들도 패션 왕이야. 그만큼 모두가 색을 잘 선택했다는 말이지. 여러분이 의식하든 의식하지 않든 우리는 색의 세계에 둘러싸여 살아가고 있단다. 여러분의 옷뿐만 아니라 신발, 핸드폰, 지갑, 가방, 필기도구도 색깔을 띠고 있지. 이 교실에 있는 책상, 의자, 벽과 천장, 그리고 창 밖에 보이는 하늘, 건물, 나무, 자동차 등 그밖에 모든 것이 색깔을 띠고 있어. 색이 없는 세상은 상상할 수 없을 만큼 우리는 색의 홍수 속에서 살아간다고 할 수 있지. 그렇다면 여기서 중요한 질문을 던져 볼게. 우리는 어떻게 색을 볼까? 색을 보려면 무엇이 필요할까? 왜 사물마다 다른 색을 띠

고 있을까?"

김초록 박사는 입을 다물고 아이들을 둘러보았습니다. 그러나 아이들은 아무 대답을 못하고 서로 얼굴을 보았습니다. 그러자 김초록 박사가 침묵을 깨고 입을 열었습니다.

"창희가 스스로 '패션 왕'이라 부를 만큼 멋진 초록 옷을 입었는데, 빛 한 점 들지 않는 캄캄한 방에 있다고 상상해 보자. 그럼 우리 눈에 초록 색깔이 보일까?"

김초록 박사가 질문을 던지자 동배가 대답했습니다.

"빛이 없으면 초록 색깔이 안 보이죠. 색은커녕 모습조차 볼 수 없을

걸요."

"대답 잘했다. 그래, 빛이 없으면 색을 볼 수 없어. 색을 보려면 빛이 꼭 필요한 거야. 색은 물체에 있지 않고 빛 속에 있거든. 이런 사실을 가장 먼저 알아낸 사람은 영국의 과학자 뉴턴이야. 어느 날 뉴턴은 이런 실험을 했어. 유리로 만들어진 삼각기둥인 프리즘을 들고 방으로 들어갔어. 방은 어두운 골방으로, 나무판자로 창문을 막아 두 개의 구멍을 냈어. 빛은 구멍을 통해 방 안으로 스며들었지. 그런데 위쪽 구멍으로 들어온 빛은 그대로 통과하여 지나간 데 비해, 아래쪽 구멍으로 들어온 빛은 방 한가운데 놓인 프리즘을 통해 꺾여 반대쪽 벽에 한 무리의 색을 나타낸 거야. 그것은 빨강·주황·노랑·초록·파랑·남색·보라의 7가지 색이었어. 뉴턴은 이 일곱 색깔 무지개를 '색채 스펙트럼'이라고 불렀단다. 특히 뉴턴은 물체 자체에 색깔이 있는 것이 아니라, 색의 원천은 빛에 있다는 사실을 알아냈어. 우리 눈에 보이는 색은 물체에 반사되는 빛의 성질에 따른 거야. 사과가 빨간색으로 보이는 것은 빛이 사과에 부딪혀 빨간빛을 가장 많이 반사하기 때문이지. 다른 색깔의 빛은 흡수해 버리고……. 그러니까 물체들이 다른 색으로 보이는 것은 물체가 어떤 빛은 흡수하고 또 어떤 빛은 반사하기 때문이란다. 반사하는 색깔의 빛만 우리 눈에 보이는 거야."

아이들은 깜짝 놀랐습니다.

"물체마다 고유의 색깔이 있는 줄 알았는데, 그게 아니로군요."
"색이 물체에 있는 것이 아니라 빛에 있다니, 정말 놀라워요."
김초록 박사가 말했습니다.
"색은 빛에 있기 때문에 조명에 따라 색이 달리 보이기도 해. 예를 들면, 형광등 밑에서 약한 청색으로 보이던 보라색이 백열등 밑에서는 약한 붉은색으로 보이기도 하지."
"그렇군요. 색을 보기 위해서는 빛이 중요하다는 사실을 처음 알았어요."
"색을 보기 위해 또 필요한 것은 눈이야. 눈은 빛을 받아들이는 감각 기관으로, 눈에 이상이 있으면 색을 제대로 볼 수가 없지. 우리 눈의 망막에는 빛을 받아들이는 두 종류의 세포가 있어. 밝은 빛에 반응하여 색상을 구별하는 원추세포와 어두운 빛에 반응하여 명암을 구분하는 간상세포야. 원추세포는 빨강·초록·파랑의 세 가지 색을 감지할 수 있단다. 빛이 눈으로 들어와 망막에 있는 원추세포가 색을 감지하여 뇌에 전달하면 이를 색으로 해석하는 거야."
세라가 신기하다는 듯 감탄을 했습니다.
"와! 인체의 신비가 놀라워요. 우리 눈이 색을 감지하여 신호를 보내면, 뇌가 색을 해석하다니!"
"놀라지 마라. 우리 인간이 몇 개의 색을 구별할 수 있는지 아니? 약

10만 개의 색이야."

"정말요? 그렇게 많이요?"

아이들은 놀라 눈이 휘둥그레졌습니다.

"놀라지 않을 수가 없지? 색은 무채색과 유채색으로 나눌 수 있어. 무채색은 색상이나 채도가 없는 색이야. 빛을 대부분 반사하여 나타나는 하양, 빛을 대부분 흡수하여 나타나는 검정, 그 사이에 있는 회색이 여기에 속하지. 유채색은 무채색을 제외한 모든 색이야. 즉 빨강·주황·노랑·초록·파랑·보라 등과 같이 색감을 가지고 있는 색을 말하지. 유채색은 수백만 개나 되지만, 사람의 눈으로 식별할 수 있는 색은 10만 개쯤 된다고 앞서 말했지? 하지만 사람들이 일상생활에서 사용하는 색은 30여 개에 지나지 않아. 그러니 그 많은 색을 알아둘 필요는 없겠지. 색을 지각하고 다른 색과 구별하려면 색의 3가지 속성인 색상·명도·채도를 알아야 해. 색상은 빨강·주황·노랑·파랑처럼 색을 구별하는 데 쓰이는 이름이야. 그리고 명도는 색의 밝고 어두운 정도를 말하고, 채도는 색의 강하고 약한 정도를 나타내지. 그래서 명도가 높다고 하면 그만큼 색이 밝다는 것이고, 채도가 높다고 하면 그만큼 색이 선명하다는 것이란다."

다은이가 물었습니다.

"박사님, 유채색이 수백만 개나 된다고 하셨는데, 그 많은 색은 어떻게 만들어져요?"

김초록 박사가 대답했습니다.

"좋은 질문을 했네. 색 중에는 다른 색을 섞어서 만들 수 없는 순수한 색이 있단다. 이를 원색이라고 하는데, 빛의 삼원색은 빨강·초록·파랑, 색의 삼원색은 빨강·파랑·노랑이야. 삼원색을 1차색이라고도 하지. 1차색에 1차색을 더하면 2차색이 나온단다. 빨강과 파랑을 더하면 보라가 되는데, 보라가 2차색이야. 이렇게 색 배합으로 수많은 색을 만들 수 있단다."

색을 구분하지 못하는 색맹

색맹이란 눈의 망막에 있는 시세포에 이상이 있어 색을 구분하지 못하는 증상을 말해요. 색을 감지하는 원추세포가 제대로 기능을 하지 못하면 이런 증상이 나타나지요.

색맹은 전색맹과 부분 색맹이 있어요. 전색맹은 색을 전혀 구분하지 못하는 것이에요. 마치 흑백 영화를 보듯이 세상을 바라보는데, 명암의 차이로만 물체를 인식해요. 전색맹은 근친결혼으로 인한 유전 증상으로 흔히 나타나며, 100만 명 중에 1명일 정도로 매우 드물어요. 부분 색맹은 특정한 색만 구분하지 못하는 것이에요. 빨강과 초록을 구분하지 못하는 적록 색맹과 파랑과 노랑을 구분하지 못하는 청황 색맹이 있어요. 가장 흔한 경우인 적록 색맹은 빨강이나 초록이 갈색으로 보여요. 우리나라 인구 중에 남자는 5.9퍼센트, 여자는 0.4퍼센트가 적록 색맹이라고 해요. 청황 색맹은 아주 희귀하게 나타나는 증상이지요.

색맹은 대부분 유전적인 이유로 생겨요. 드물긴 하지만 안구나 시신경, 혹은 뇌의 손상으로 생겨날 수도 있답니다.

위대한 화학자 돌턴은 색맹이었다?

영국의 화학자 존 돌턴은 '현대 원자론의 창시자'로 알려져 있어요. 그는 모든 물질이 더 이상 쪼개질 수 없는 아주 작은 입자로 이루어져 있다고 주장했지요. 그의 원자론은 화학이 발전하는 데 크게 기여했어요.

이처럼 과학사에 큰 발자취를 남긴 화학자 돌턴에게 한 가지 장애가 있었어요. 그는 색을 식별하는 능력을 잃어버린 색맹이었어요.

돌턴이 어렸을 때의 일이에요. 어느 날, 돌턴은 친구와 함께 거리로 나갔어요. 거리에는 화려한 군복을 차려입은 병사들이 씩씩하게 행진하고 있었어요.

돌턴의 친구는 그 광경을 바라보다가 저도 모르게 소리쳤어요.

"와, 멋지다! 저 빨간색 군복 좀 봐. 난 이담에 늠름한 군인이 될 거야."

돌턴은 눈을 동그랗게 떴어요.

"군복이 빨간색이라고? 무슨 소리야? 갈색인데."

"애 좀 봐. 엉뚱한 소리를 하네. 저 군복이 빨간색이지 무슨 갈색이니? 너, 지금 잠꼬대를 하니?"

돌턴은 친구에게 비웃음을 당하고, 자기 눈이 좀 이상한가 하고 고개를 갸우뚱했지요.

돌턴이 자신이 색맹이라는 사실을 확실히 안 것은 청년이 되어서였어요.

가난한 퀘이커 교도를 부모로 둔 그는 독학으로 과학과 수학을 공부하여, 1792년에는 맨체스터의 대학에서 강사로 일했어요.

어느 날, 돌턴은 어머니에게 선물하려고 가게에서 비단 양말을 샀어요. 그런데 어머니는 선물을 받고 질색을 했어요.

"존, 선물은 고맙다만 하필 빨간 양말을 골랐니? 우리 퀘이커 교도들은 이렇게 튀는 화려한 양말은 신을 수가 없어."

"예? 빨간 양말이라고요? 저는 갈색 양말이어서 일부러 골랐는데요."

그제야 비로소 돌턴은 자신이 색을 잘 구별하지 못한다는 것을 알았어요. 그는 빨강과 초록을 구별하지 못하는 적록 색맹이었지요.

돌턴은 자신의 색맹에 대해 연구하기도 했는데, 영어에서는 적록 색맹을 돌턴의 이름을 붙여 '돌터니즘'이라고 부른답니다.

돌턴은 자신이 색맹인 이유를 이렇게 설명했어요.

"내 눈 내부에 있는 액체가 빛 속의 빨간 부분을 흡수해 버린다. 그래서 색맹 증세가 나타나는 것이다."

돌턴은 자신의 이런 연구 결과를 1794년 책으로 묶어냈어요. 그 책이 바로 『색각에 관련된 놀라운 사실』이에요.

돌턴은 자신의 연구 결과가 맞는지 확인하려고 친구인 의사 랜섬에게 이런 유언을 남겼어요.

"내가 죽으면 눈을 떼어 조사해 줘."

랜섬은 돌턴이 죽자 그의 눈을 떼어내어 조사해 보았어요. 그래서 돌턴의 생각이 틀렸음이 밝혀졌어요.

돌턴의 눈은 포르말린이 담긴 병에 넣어져 맨체스터 문학·철학 학회에 의해 150년 동안 보관되었어요. 그 후 케임브리지 생리학자들이 1995년, 그것을 꺼내어 다시 조사했어요. 그리하여 적록 색맹이 분명하다는 사실을 확인했다고 해요.

제4장

색은 언제 처음 사용되었을까?

조용히 이야기를 듣고 있던 세라가 큰 소리로 말했습니다.

"박사님, 이제 약속을 지켜 주세요."

"무슨 약속?"

"색깔 이야기를 하면서 재미있는 옛이야기를 곁들이겠다고 하셨잖아요."

"아, 참! 그랬지. 어떤 이야기가 좋을까? 까마귀가 왜 몸이 까맣게 되었고, 올빼미는 왜 밤에만 돌아다니는지 그 이유를 밝힌 이야기를 들려주지. 일본에서 전해지는 이야기야."

어느 숲속에 염색을 잘하는 올빼미가 살았어.

올빼미는 새들에게 매우 인기가 좋았어. 올빼미의 집은 만나러 오는 새들로 발 디딜 틈이 없을 정도였어.

새들이 올빼미를 찾는 것은 뛰어난 염색 기술 때문이었어. 아무리 못생긴 새라도 올빼미의 손을 거치면 아름다운 깃털을 가진 새로 변하는 거야. 그 솜씨는 가히 세상에서 최고라 할 수 있었지.

까마귀는 뒤늦게 올빼미에 대한 소문을 들었어. 그 순간, 가슴이 뛰었지. 평소에 자신의 깃털 빛깔에 불만이 많았거든. 이 기회에 아름다운 빛깔로 바꾸고 싶었어.

까마귀는 올빼미의 집을 찾아갔어. 많은 새가 몰려와 줄을 서서 차례를 기다리고 있었어. 까마귀는 맨 끄트머리에 섰지. 줄이 하도 길어 좀처럼 차례가 오지 않았어.

까마귀는 저녁 늦게야 올빼미 앞에 설 수 있었단다.

까마귀가 올빼미에게 말했어.

"나는 내 깃털이 보기 싫어. 네가 솜씨를 발휘해서 아름다운 색깔로 바꿔 줘. 너는 염색을 잘

하니까 나한테 아주 어울리는 색깔로 물들일 수 있겠지?"

"물론이야. 잠시 기다려 봐."

올빼미는 까마귀를 세워 놓고, 어떤 색깔이 어울릴까 궁리했어. 그러다가 남색으로 결정했지.

올빼미의 집 마당에는 빨강, 파랑, 노랑, 검정 등 가지가지 물감을 풀어 놓은 목욕통이 줄지어 서 있었어.

해가 저물어 마당은 어둠침침했어. 올빼미는 검정 목욕통을 남색 목욕통으로 잘못 알고, 그 안에 들어가 몸을 씻으라고 말했단다.

까마귀는 검정 목욕통으로 들어갔어. 그의 깃털은 새까맣게 변했지. 까마귀는 자신이 깜둥이가 된 줄도 모르고 신바람이 나서 집으로 돌아갔어.

이튿날 아침, 세수하러 나온 까마귀는 냇물에 비친 자기 몸을 보고 깜짝 놀랐어.

'아니, 이게 누구야? 까, 깜둥이가 되었네.'

까마귀는 어처구니가 없어 입이 딱 벌어졌어.

'요놈의 올빼미를 그냥……'

까마귀는 화가 머리끝까지 나서 올빼미의 집으로 달려갔어. 마침 올빼미는 집을 비우고 없었어. 까마귀는 숲이 떠나갈 듯이 고래고래 소리를 질렀어.

"나를 이 꼴로 만든 올빼미 이놈! 잡히기만 해 봐라!"

집으로 돌아오던 올빼미는 까마귀가 외치는 소리를 들으니 겁이 더럭 났어.

'안 되겠다. 멀리 도망치자.'

올빼미는 숲속 깊이 자취를 감추어 버렸어. 그러고는 낮에는 나뭇가지에 앉아 꼼짝하지 않다가, 까마귀가 잠자리에 드는 밤에 나와 숲속을 돌아다녔지.

이야기가 끝나자 아이들이 소감을 밝혔습니다.

"까마귀가 올빼미의 실수로 몸이 까맣게 되었군요. 깃털을 아름다운 색깔로 바꾸고 싶었는데 그 지경이 되었으니, 올빼미가 정말 원망스러웠겠어요. 저라도 올빼미를 그냥 두지 않았을 거예요."

"올빼미가 불쌍하고 가여워요. 단 한 번의 실수로 까마귀를 피해 밤에만 돌아다니는 신세가 되었으니 말이에요."

"저는 올빼미를 이해할 수 없어요. 염색을 잘한다고 소문난 올빼미가 어떻게 그런 실수를 해요? 빨강·파랑·노랑·검정 등 가지가지 물감을 풀어 놓은 목욕통 중에 하필 검정 목욕통에 들어가 몸을 씻으라고 말하다니요. 평생 색만 사용해 온 전문가가 그런 실수를 하다니요."

"그래, 평생 색만 사용해 온 전문가가 그런 실수를 저지르면 안 되겠지. 그런데 얘들아, 색은 언제 처음 사용되었을까?"

김초록 박사는 갑자기 이렇게 물었습니다. 연두가 기다렸다는 듯이 대답했습니다.

"색은 원시인이 처음 사용하지 않았을까요? 동굴 벽화를 그릴 때요."

김초록 박사가 놀라는 표정을 지었습니다.

"정답이다! 아니, 그걸 어떻게 알았니?"

"그 정도는 상식이죠. 삼촌이 경기도 광명시에 사는데, 광명 동굴을 구경하러 간 적이 있어요. 마침 광명 동굴에서 라스코 동굴 전시회가 열려 모형 동굴 벽화를 감상했어요."

"그랬구나. 지금부터 내가 들려주고 싶은 이야기가 라스코 동굴, 알타미라 동굴 등의 벽화를 그린 원시인들 이야기야. 색은 이때 처음 사용되었거든."

김초록 박사는 이야기를 시작했습니다.

1879년 11월의 어느 날이었어. 에스파냐의 변호사이자 아마추어 고고학자인 마르셀리노 데 사우투올라 자작은 다섯 살짜리 딸을 데리고 알타미라 동굴 탐사에 나섰어. 이 동굴은 1868년 어느 사냥꾼이 발견했는데, 사우투올라 자작이 1875년 동물 뼈와 석기 몇 점을 찾아낸 적이 있

었어. 그로부터 4년이 흐른 뒤, 그는 딸 마리아를 데리고 또다시 알타미라 동굴을 찾은 거야.

아버지가 등불을 밝혀 들고 동굴을 뒤지는 동안, 마리아는 동굴 안을 뛰어다니며 혼자 놀았어. 그런데 얼마 뒤 마리아가 동굴 천장에서 들소 그림을 발견하고 이렇게 소리쳤어.

"아빠, 소야!"

선사 시대의 대표적인 동굴 벽화인 알타미라 동굴 벽화가 발견되는 순간이었어. 이 동굴 벽면에는 크로마뇽인이 1만 5천 년 전에 그린 것으로 보이는 들소·말·사슴·산양 등의 동물들이 세밀하게 묘사되어 있었어.

1940년 9월에는 또 이런 일이 있었어. 어느 날 프랑스 남부 아키텐 주 도르도뉴 지방의 몽테냐크 마을에 사는 어린이들이 마을 근처의 언덕으로 향했어. 열네 살인 자크 마르살 등 네 명이었지. 이들은 애완견 한 마리를 데려갔는데, 앞서 경중경중 뛰어가던 개가 갑자기 멈춰서더니 큰 소리로 짖는 거야.

"개가 왜 저러지?"

어린이들은 고개를 갸우뚱하며 개에게 다가갔어. 언덕에는 구멍이 있었는데, 개는 구멍을 들여다보며 짖고 있었어.

"웬 구멍이지? 처음 보는걸."

자크 마르살은 구멍 속에 돌멩이 한 개를 던져 보았어. 그러자 한참 뒤에야 돌멩이 떨어지는 소리가 들리는 거야.

"구멍이 꽤 깊은걸. 우리 이 구멍으로 들어가 볼까? 아무래도 이 속에 동굴이 있는 것 같아. 혹시 동굴이 산 중턱에 있는 라스코 성으로 이어진 것 아닐까?"

"라스코 성이라면 전설 속의 귀족이 살았다는?"

"그래. 동굴이 있다면 라스코 성으로 가는 비밀 통로가 틀림없어."

어린이들은 집에 가서 삽을 가져왔어. 삽으로 땅을 파서 구멍을 넓힌 뒤, 한 사람씩 그 안으로 들어갔지. 과연 그곳에는 동굴이 자리 잡고 있었어. 그들은 미리 준비한 등불을 켜 들고 동굴 입구로 들어섰어. 그때 그들 가운데 한 사람이 소리쳤어.

"앗! 여기 좀 봐! 벽에 동물이 그려져 있어!"

"정말이네! 소도 있고, 말도 있네."

어린이들은 눈을 동그랗게 뜨고 동굴 벽화를 바라보았어. 동굴 벽면에는 800점이 넘는 그림이 그려져 있었어. 야생마·들소·사슴·염소 등 100여 마리의 동물들이 살아 움직이는 모습을 그린 역동적인 그림이었어.

어린이들은 자신들이 발견한 동굴 벽화가 단순한 그림이 아니라는 것을 느꼈어. 그래서 학교 선생님인 레옹 라발에게 동굴 벽화의 비밀을 털어놓았지. 레옹 라발은 고고학자로 유명한 앙리 브뢰이 신부에게 연락하여 신부가 동굴로 달려왔어. 앙리 브뢰이 신부는 동굴 벽화를 보고 흥분을 감추지 못했어.

"오, 선사 시대의 동굴 벽화가 발견되다니! 이 동굴은 인류가 남긴 귀중한 문화유산이야."

신부는 이 동굴 벽화를 약 1만 7천 년 전에 크로마뇽인이 그린 것으로 추정했어. 1879년 에스파냐에서 발견된 알타미라 동굴 벽화보다 더 오래되고 작품성이 뛰어난 걸작이었어.

라스코 동굴 벽화는 세계적인 주목을 받았으며, 아키텐 주의 베제르 계곡에서 발견된 23개의 선사 시대 동굴 벽화와 함께 1979년 유네스코 세계 문화유산으로 지정되었어.

라스코 동굴 벽화

라스코 동굴 벽화★를 발견한 자크 마르살은 평생 이 동굴 관리인으로 일했다는구나. 앙리 브뢰이 신부가 "라스코 동굴은 인류의 귀중한 문화유산이며, 이를 지키는 것이 우리의 사명이다."라는 말을 듣고 감동을 받아 라스코 동굴을 지키는 일에 평생을 바친 거야.

알타미라 동굴 벽화, 라스코 동굴 벽화가 발견된 이야기를 했는데, 원시인들은 왜 동굴 벽화를 그렸을까? 그에 대해 학자들은 원시인들이 사냥이 잘 되기를 바라는 마음에서 동굴 벽화를 그렸다고 보고 있어. 동굴 벽화에 그려진 대상은 사냥감인 동물이었거든. 그뿐만 아니라 후손들에게 사냥하는 방법까지 전하려고 그림을 남겼다는 거야. 그리고 종교적인 목적으로 그림을 그렸다는 주장도 있어. 그림에는 이따금 샤먼(무당)으로 보이는 존재가 등장하고, 쉽게 찾아갈 수 없는 지하 동굴 깊숙한 곳에 그림을 그렸거든. 따라서 장식이 아니라 주술적인 의식을 나타내는 그림이라는 거지.

동굴 벽화들이 발견되었을 때 사람들은 방금 그린 것처럼 색채가 선명한 그림을 보고 깜짝 놀랐어. 그래서 어떤 학자는 이 벽화들이 가짜라고 주장하기도 했단다.

하지만 그 뒤로 석기 시대 그림들이 잇달아 발견되어, 동굴 벽화들은 1만여 년 전에 그려진 작품으로 확인되었지.

알타미라 동굴 벽화★와 라스코 동굴 벽화에는 여러 가지 색상이 나타나 있어. 알타미라 동굴 벽화에는 들소·말·사슴·산양 등 25종의 동물이 그려져 있는데, 빨강·노랑·검정·황갈색 등을 사용했어. 라스코 동굴 벽화에는 야생마·들소·사슴·염소 등 100여 마리의 동물들이 그려져 있는데, 빨강·노랑·검정·갈색 등을 사용했어. 이 동굴 벽화의 물감 재료는 나무·뼈를 태운 재나 산화 흙, 붉은색 돌, 이산화망간, 갈철광, 동물의 피 등이었지.

알타미라 동굴 벽화

동굴 벽화에서 주로 사용된 색은 검정과 빨강이었어. 노랑과 갈색이 드물게 사용되었고, 파랑·초록·하양은 거의 사용되지 않았지. 석기 시대에 색은 그렇게 동굴 벽화에 처음 사용되어 인류 문명을 열어가기 시작했단다.

자연 현상의 색은 빛의 산란으로 만들어진다?

하늘은 우리 눈에 파랗게 보이죠? 아침놀이나 저녁놀은 또 어떤가요? 우리 눈에 붉게 보이죠?

자연 현상의 색이 이처럼 달리 보이는 것은 빛의 산란 때문이에요. 빛의 산란이란 태양빛이 대기를 통과하면서 공기 중의 질소·산소·먼지 같은 작은 입자들과 부딪혀 사방팔방으로 흩어지는 현상을 말해요.

태양빛에는 우리 눈으로 볼 수 있는 가시광선이 있어요. 빨강·주황·노랑·초록·파랑·남색·보라 등의 무지개색을 나타내는 파장이 가시광선이에요. 빨강의 파장이 가장 길고, 보라의 파장이 가장 짧지요. 우리 눈에 보이는 색은 가시광선 중에서 특정 색의 파장만 반사되어 우리 눈에 도달하기 때문이에요.

하늘이 파랗게 보이는 것은, 가시광선 중에서 파장이 짧은 파란색의 빛이 산란되어 우리 눈에 들어오기 때문이지요.

그렇다면 아침놀이나 저녁놀은 왜 우리 눈에 붉게 보일까요? 해가 뜨거나 질 때는 낮보다 태양빛이 대기를 통과하는 거리가 훨씬 더 길어져요. 그래서 파란색의 빛은 우리 눈에 도달하기 전에 산란되어 사라지고, 파장이 긴 붉은 계통의 빛만 우리 눈에 도달해 하늘이 붉게 보이는 것이지요.

튜브 물감이 없었다면 모네도 세잔도 인상주의도 없었다?

'물감' 하면 누구나 튜브 물감을 먼저 떠올리지요? 튜브 물감은 아연으로 만들어진 튜브 속에 물감을 담아 사용하죠. 180년 전만 해도 튜브 물감이 없었기에 화가들은 직접 물감을 만들어 사용했어요. 조수를 두어 물감을 제조하고 색을 배합하는 일을 맡겼지요.

화가들은 야외로 나가 그림을 그리고 싶어도 그 일을 제대로 할 수가 없었어요. 돼지 오줌보에 물감을 담아 마차에 싣고 야외로 나가야 했는데, 돼지 오줌보가 번번이 터져 버렸거든요. 부피가 크고 운반이 불편했지요.

1841년 미국의 화가 존 호이랜드가 영국에 옮겨와 살면서 튜브 물감을 발명했어요. 이제 화가들은 휴대용 튜브 물감 덕분에 기차를 타고 야외에 나가서 자유롭게 풍경화를 그릴 수 있게 되었어요. 튜브의 마개를 열고 팔레트에 물감을 짜내어, 붓으로 찍어 색을 칠할 수 있게 되었거든요.

튜브 물감의 발명은 19세기 중엽 미술의 새로운 발전을 불러왔어요. 야외에 나가 시시각각 변하는 빛의 움직임을 순간적으로 포착하여 그림을 그리는 인상파 화가들에게는 획기적인 발명품이었지요. 화가 르누아르는 "튜브 물감이 없었다면 모네★도 세잔★도 인상주의★도 없었을 것이다."라고 말했답니다.

해돋이(모네, 1872)
르아브르 항구의 아침 풍경을 그린 이 작품으로 인해 '인상주의'라는 용어가 탄생했다.

사과와 오렌지(세잔, 1899)

인상주의
19세기 후반에서 20세기 초기에 걸쳐 프랑스를 중심으로 유럽에서 유행하던 회화 표현의 하나로 전통적인 회화 기법을 거부하고 빛과 함께 변하는 색채의 변화를 파악하여 묘사했다. 대표 화가로는 모네, 고흐, 세잔, 고갱 등이 있다.

제5장
생활 속에서 만나는 색

"이제부터는 석기 시대에서 현대로 넘어와, 우리 생활 속에서 만나는 색에 관한 이야기를 들려줄게. 그전에 한 가지 묻고 싶은 것이 있는데, 어린이들은 어떤 색을 좋아할까? 남자아이와 여자아이가 좋아하는 색을 구분하여 말해 봐."

창희가 대답했습니다.

"남자아이는 파란색, 여자아이는 분홍색이오."

"왜 그렇지?"

"이유는 모르겠어요. 우리 반 친구들을 보면 남자아이는 파란색, 여자아이는 분홍색 옷을 많이 입더라고요."

"정확히 맞혔다. 창희의 관찰력이 대단한걸. 그건 어려서부터 남자아이는 파란색 옷, 여자아이는 분홍색 옷을 입었기 때문이야. 아기 때부터 자주 접하여 자연스럽게 친밀감을 갖게 된 거지. 근대 서양에서는 남자 아기를 양배추밭에서 데려왔다고 파란색 옷을, 여자 아기를 분홍색 장미꽃밭에서 데려왔다고 분홍색 옷을 입혔다는 전설이 있어. 그리고 여자아이들에게 미안한 얘기지만, 까마득히 먼 옛날에는 남아선호 사상이 강해서 남자아이에게만 파란색 옷을 입히고 여자아이는 아무 색깔 옷이나 입혔대. 당시 사람들은 악마가 남자 아기를 해치려 한다고 믿었어. 악마로부터 지키려고 남자 아이에게 파란색 옷을 입힌 거야. 파란색은 신(神)을 상징하는 하늘의 색으로, 악마를 쫓는 능력이 있다고 생각했거든."

조용히 듣고 있던 다은이가 참을 수 없다는 듯 말했습니다.

"옛날 사람들은 참 치사했네요. 남자 아기만 귀하게 여기다니요. 어쩜 그렇게 차별할 수가 있어요?"

"그러게 말이다. 옛날 사람들이 야속하지? 아무튼, 태어난 지 두세 달이 되면 색깔을 구분하는 능력이 생긴단다. 특히 노란색을 가장 좋아하고, 그다음에 흰색·분홍색·빨간색·주황색을 좋아하지. 아기는 검은색을 매우 싫어하므로 밝은 방에서 키우는 것이 좋단다. 어린이로 성장하면서 노란색 대신 남자아이는 파란색, 여자아이는 분홍색을 좋아하게 되지. 어른이 되어서도 좋아하는 색은 크게 변함이 없는데,

노인이 되어서는 검정·회색·갈색 등의 옷을 주로 입게 된단다. 그러나 노인이 실제로 가장 좋아하는 색은 화려한 분홍색이라는구나."

연두가 맞장구를 쳤습니다.

"맞아요. 우리 할머니도 분홍색 옷을 즐겨 입으셔요. 멋쟁이 할머니예요. 그런데 박사님, 밝은 색으로 꾸며진 방에서 공부한 어린이가 어두운색으로 꾸며진 방에서 공부한 어린이보다 아이큐(IQ)가 더 높다면서요?"

"그런 연구 결과가 있지. 파란색·노란색·오렌지색 등으로 꾸며진 방에서 공부한 어린이가 검은색·갈색으로 꾸며진 방에서 공부한 어린이보다 아이큐가 평균 14점이나 더 높단다. 밝은 색이 지능을 발달시키고 마음을 안정시켜 집중력을 발휘하게 하기 때문이야. 이렇듯 실내 공간을 어떤 색으로 꾸미느냐에 따라 우리 생활에 적지 않은 영향을 준단다. 어느 회사에서 색깔을 달리하여 회의실을 두 개 만들었대. 하나는 빨강으로 꾸며진 회의실, 다른 하나는 파랑으로 꾸며진 회의실이었지. 빨강으로 꾸며진 회의실에서는 아이디어를 내는 기획 회의, 영업 전략 회의 등을 했고, 파랑으로 꾸며진 회의실에서는 예산 결정이나 신중한 판단을 내려야 하는 회의를 했어. 그랬더니 사원들의 영감을 자극하고 능력을 향상시켜 회사가 더욱 성장했다는 거야.

옛날 사람들은 질병이 자연으로부터 생기는 액운이라고 믿었단다. 그래서 자연에서 얻을 수 있는 보석이나 희귀한 돌로 질병을 치료할 수 있다고 믿었지. 색을 지닌 보석이나 희귀한 돌은 질병에 맞서 싸울 강력한 힘을 가졌다고 믿었거든. 옛날 사람들은 색을 지닌 보석이나 희귀한 돌을 몸에 착용하거나 침대에 매달아 두었단다. 이를테면 푸른색의 사파이어는 전염병을 없애는 데 쓰였고, 초록색의 에메랄드는 눈에 생긴 여러 가지 병을 치료하는 데 사용했어. 그리고 노란색의 호박은 귀앓이·시력 감퇴·치통·두통·황달 등을 고치는 데 이용했고, 보라색의 자수정은 통풍·골절·타박상 등의 치료에 쓰였지. 옛날 사람들은 색을 지닌 돌만 갖고 있어도 병을 고치고 불행을 막을 수 있다고 믿었단다. 빨간색 돌은 온갖 병을 치료하며, 화재와 벼락을 막아 준다고 생각했어. 하얀색 돌은 사람을 불행하게 만드는 '악마의 눈'으로부터 보호해 주고, 노란색 돌은 사람을 행복하게 해 주고 잘살게 해 준다고 믿었지."

"박사님, 색을 지닌 보석이나 돌이 정말 병을 고쳐 주고 불행을 막아 주나요? 미신 아닌가요?"

세라가 질문을 던지자 김초록 박사가 대답했습니다.

"물론 미신이지. 하지만 색을 활용한 치료가 전혀 효과가 없는 것은 아니야. 특히 심리적 효과는 매우 크다고 할 수 있지. 영국 런던의 템스 강에는 '블랙 프라이어 브리지'라는 다리가 있어. 이 다리는 이름 그대로 검은색 다리지. 이곳은 '자살의 명소'로 널리 알려졌는데, 다리 색깔을 검은색에서 초록색으로 바꾸자 자살하는 사람의 수가 3분의 1로 줄어들었다는 거야."

"오, 그래요? 신기하네요."

"검은색은 사람의 마음을 우울하게 만들고 의기소침하게 만들지. 하지만 초록색은 사람의 마음을 진정시키고 편안한 감정을 갖게 한단다. 그래서 마음을 가라앉혀 자살 충동을 막을 수 있었던 거야.

또 색은 식욕을 일으킨단다. 모든 음식은 저마다 색을 가지고 있어. 사람들은 음식의 색을 보고 그 맛을 연상하지. 노랑을 보면 신맛을 떠올리고, 빨강을 보면 단맛, 짙은 갈색이나 검정을 보면 쓴맛을 느끼며, 청록·회색·흰색을 보면 짠맛을 연상해. 사람들은 이처럼 음식을 맛보기 전에 눈으로 먼저 맛을 본단다.

그렇다면 어떤 색이 식욕을 일으킬까? 사람의 취향에 따라 다르겠지만, 일반적으로 가장 식욕을 돋우는 색은 빨강이야. 그리고 주황·노랑 계통의 색은 음식을 먹고 싶은 생각이 들게 만들지. 하지만 파랑·보라·자주는 식욕을 잃게 만드는 색이란다. 그런데 어떤 색깔의 그릇에 음식을 담느냐에 따라 음식 맛이 다르게 느껴지기도 해. 파랑은 식욕을 잃게 만드는 색이지만, 식탁이나 식탁보가 파랑이면 음식을 더 맛있게 보이게 하지. 실내조명도 음식 맛을 좌우하여 열 램프나 백

열전구는 음식의 색을 더 맛있어 보이게 한단다."

김초록 박사는 잠시 말을 멈추었다가 다시 이었습니다.

"우리 생활 속에서 만나는 색에 관한 이야기를 하고 있는데, 혹시 궁금한 것이 있니? 무엇이든 좋으니 이야기해 보렴."

김초록 박사의 요청에 제일 먼저 입을 연 사람은 동배였습니다.

"박사님, 교통 신호등 색깔은 왜 빨강·초록·노랑이에요?"

"하하, 그 이야기 나올 줄 알았다. 철도 신호등이 빨강·초록·노랑 색깔이어서 그것을 본떠 자동차 도로 교통 신호등 신호로 정했단다. 처음에 철도 신호등 색깔은 빨강·초록·흰색이었어. 빨강은 정지, 초록은 주의, 흰색은 통과를 알리는 신호였어. 그런데 문제가 생겼지. 기차를 운전하는 기관사들이 정지를 뜻하는 빨강 신호등의 유리가 떨어져 나가도 흰색 통과 신호인 줄 알고, 멈추지 않고 그대로 달려간 거야. 충돌 사고가 일어나자 철도 관계자들은 의논 끝에 철도 신호등 색깔을 일부 바꾸었어. 빨강은 정지, 초록은 통과, 노랑은 주의를 알리는 신호로 했지. 그 뒤부터는 충돌 사고가 크게 줄어들었다고 해.

이렇게 철도 신호등이 안전한 신호 체계로 자리 잡자, 이를 자동차 도로 교통 신호등에 적용했지. 1918년 미국 뉴욕에 설치된 교통 신호등이 세계 최초의 세 가지 색 신호등이란다. 1914년 미국 클리블랜드에 설치된 교통 신호등은 빨강과 초록만 있는 신호등이었지만, 주의를 알리는 노랑 신호가 필요해 빨강·초록·노랑의 세 가지 색을 갖춘 신호등이 탄생했지. 빨강은 불을 연상하고 위험을 알리는 색이기에 정지 신호가 되었고, 초록은 편안한 느낌을 주는 색이기에 통과 신호가 되었어. 그리고 노랑은 가장 먼저 눈에 띄고 사고를 예방하기 위해 가장 좋은 색이어서 주의 신호가 되었지."

"교통 신호등 색깔에 그런 뜻이 담겨 있군요. 자세히 알려 주셔서 감사합니다."

동배는 김초록 박사를 향해 머리를 숙여 인사했습니다.

"또 궁금한 것이 있으면 이야기해 봐."

김초록 박사가 이렇게 말하자 이번에는 창희가 입을 열었습니다.

"저는 축구를 아주 좋아해요. 우리나라 프로 축구 경기뿐만 아니라 영국 프로 축구 경기도 손흥민 선수가 출전하는 경기는 빠짐없이 중계방송을 봐요. 그런데 축구 경기를 할 때 심판이 반칙한 선수에게 옐로카드를 뽑아 보여 주는데요. 옐로카드는 어떻게 해서 생겨났어요?"

김초록 박사가 대답했습니다.

"축구 경기에서 선수들이 가장 무서워하는 색이 빨강이지? 레드카드를 축구 심판이 뽑으면 선수는 경기장에서 퇴장해야 하니까. 1970년 멕시코 월드컵 전까지만 해도 축구 경기에는 레드카드밖에 없었어. 몸싸움을 심하게 하여 반칙을 범한 선수는 레드카드를 받아 경기장에서 나가야 했단다. 1962년 칠레 월드컵과 1966년 잉글랜드 월드컵에서 심판을 맡았던 영국인 케네스 조지 아스톤은 곤욕을 치러야 했어. 선수들이 경기 내내 격렬한 몸싸움을 벌여 몇 차례 퇴장 명령을 내려야 했거든. 게다가 아르헨티나의 8강전 심판을 보았을 때는 편파 판정을 하여 아르헨티나 선수를 퇴장시켰다는 말까지 들었어.

판정 시비로 마음이 불편했던 아스톤은 어느 날 도로에서 교통 신호등을 보았어. 신호등은 초록불이 켜졌다가 빨간불이 켜지기 전에 노란불이 켜졌지. 아스톤은 노란불을 보자 문득 이런 생각이 들었어.

'레드카드를 꺼내기 전에 먼저 옐로카드를 꺼내, 반칙을 범한 선수에

게 경고하는 거야. 그래도 반칙하면 레드카드를 뽑아 그 선수를 퇴장시키자.'

아스톤은 영국 축구협회에 자기 생각을 밝혔어. 그의 아이디어는 곧 받아들여져 1970년 멕시코 월드컵에 옐로카드가 시행되었단다."

"그런데 박사님, 궁금한 것이 또 있어요. 축구 경기에서 왜 골키퍼만 다른 색깔의 유니폼을 입는 거죠?"

창희는 김초록 박사에게 또 질문했습니다. 김초록 박사는 이번에도 친절하게 대답했습니다.

"골키퍼가 선수들과 다른 색깔의 유니폼을 입는 것은 정확한 심판 판정을 위해서란다. 축구는 손을 쓰면 안 되는 경기이지만, 골키퍼만은 자기 진영의 페널티 에어리어 안에서 손을 쓸 수 있어. 따라서 골대 앞에서 혼전을 치를 때는 선수를 구분하기 어려워, 누가 손을 썼는지 확실히 판정하려고 골키퍼만 다른 색의 유니폼을 입게 한 거야."

"잘 알았어요. 골키퍼만 멋지게 보이려고 다른 유니폼을 입는 줄 알았는데, 그게 아니군요."

"우리나라 국가 대표 축구팀의 유니폼의 색깔은 전통적으로 빨강이지? 응원단도 붉은색 옷을 입고 응원하여 '붉은 악마'로 불리지. 네덜란드 대표 축구팀은 '오렌지 군단'이라 하는데, 오렌지색인 주황색 유니폼을 입기 때문이야. 이탈리아 대표 축구팀은 이탈리아 반도를 에

워싼 아드리아 해의 푸른 바다 빛을 뜻하는 '아주리'를 따서 '아주리 군단'이라 부른단다."

"저도 궁금한 것이 있어요. 태극기를 보면 흰색 바탕에 빨간색과 파란색으로 된 태극무늬를 가운데 두고, 네 모서리에 건·곤·감·리의 4괘가 그려져 있잖아요. 이게 무슨 뜻이에요?"

이렇게 질문을 한 것은 연두였습니다. 김초록 박사는 놀라는 표정을 지었습니다.

"태극기에 대해 묻다니, 우리 친구들이 정말 수준이 높은걸. 태극기는 깊은 뜻을 지니고 있단다. 태극기 흰색 바탕은 '백의민족'인 우리 민족을 상징한단다. 밝음과 순수, 순결과 평화를 사랑하는 우리 민족정신을 나타내지. 그리고 태극은 하늘과 땅이 나뉘기 전, 즉 우주의 근원을 뜻해. 옛날에 동양에서는 '양'인 밝음과 '음'인 어두움이 만나 우주를 만든다고 생각했어. 그래서 태극무늬의 빨간색은 '양', 파란색은 '음'을 뜻하고, 태극무늬는 양과 음이 만나 우주를 만들고 발전하는 모습을 나타낸 것이지. 태극기의 태극무늬가 물결치는 모양인 것은, 빨간색인 '양'과 파란색인 '음'이 물결치듯 만나 조화를 이루기 때문이야. 그런 가운데 우주 만물이 만들어지고 성장하며 발전한다는 것이지. 그리고 4괘는 태극무늬의 양과 음이 만나 변화하고 발전하는 모습을 표현한 것이지."

태극기 이야기를 마지막으로 첫날 수업이 끝났습니다.

김초록 박사는 헤어지기 전에 이런 말을 남겼습니다.

"내일은 빨강·파랑·노랑·하양·검정, 모레는 초록·보라·주황, 그리고 우리나라의 전통색인 오방색에 대한 이야기를 자세히 들려주마."

창희는 집으로 돌아오며 세라에게 말을 건넸습니다.

"오늘 수업이 어땠니? 재미있었지?"

"응, 아주 재미있었어. 내일이 빨리 왔으면 좋겠어."

"헤헤, 그렇지? 빨리 집에 가서 밥 먹고 자자. 그럼 금방 내일이 올 거야."

창희는 서둘러 집으로 향했습니다.

붉은 바다 '홍해'와 검은 바다 '흑해'

홍해는 아프리카 대륙과 아라비아반도 사이의 좁은 틈에 있는 바다이고, 흑해는 유럽 남동쪽과 아시아 사이에 있는 바다예요. 홍해는 '붉은 바다', 흑해는 '검은 바다'를 뜻하는데 왜 그런 이름이 붙었을까요?

홍해에는 붉은색을 띠는 해조류와 플랑크톤이 많이 서식해요. 그리고 물의 흐름이 빠르지 않아 수면이 붉게 보이지요. 그래서 '붉은 바다'를 뜻하는 '홍해'라는 이름을 얻었다고 해요. 또는 그 이름이 사막을 의미하는 '데쉬레'에서 나온 '데쉬레트'에서 유래하여 '홍해'가 되었다고 해요. 데쉬레트는 '붉은 사막'이라는 뜻으로, '붉은 사막으로 둘러싸인 바다'라고 해서 '홍해'로 불렸다는 거지요.

흑해는 보스포루스 해협을 통해 외해(外海)와 연결되어 있어요. 다른 쪽은 육지로 막혀 있어 산소량이 많이 부족하지요. 그래서 물속 깊은 곳에는 죽은 박테리아들이 많이 쌓여 황화수소가 생기는데, 이 황화수소가 검은빛을 띠지요. 그러다 보니 바닷물이 검게 보여 '흑해'라는 이름을 얻었답니다.

국기에 사용하는 색

국기는 나라마다 다르지만 서로 비슷한 색깔을 사용한 나라들이 많아요. 주로 빨강·파랑·초록·노랑·하양·검정 등을 사용했는데, 이 색깔들이 선명하고 눈에 잘 띄기 때문이죠.

아프리카에서는 가장 오래된 독립국인 에티오피아 국기가 초록·노랑·빨강의 세 가지 색깔이에요. 그런데 이 색깔들은 아프리카 사람들의 긍지를 나타내는 '아프리카의 색'으로 알려져 있어요. 그래서 가나·카메룬·말리·세네갈·토고·기니아·기니아비사우·르완다·베냉 등 아프리카 신흥 독립국들이 모두 국기에 초록·노랑·빨강을 사용하고 있어요.

이슬람교에서는 초록·빨강·하양·검정의 4가지 전통색이 있어요. 따라서 이슬람교를 믿는 국가들은 대부분 국기들이 이 가운데 한 가지 색을 쓰거나 세 가지 색을 합해서 사용해요. 특히 초록은 이슬람교를 나타내는 성스러운 색이라고 해서 이란·사우디아라비아·리비아·모르타니·알제리·파키스탄 등의 나라들은 대부분 국기의 바탕으로 하거나 일부의 색으로 쓰고 있어요.

공산주의 종주국이었던 구 소련은 국기가 공산주의를 상징하는 빨강이었어요. 그래서 제2차 세계 대전 이후 등장한 공산(사회)주의 국가인 중국·베트남·북한·알바니아·앙골라 등이 국기를 빨강을 써서 만들었어요.

제6장

빨강은 전쟁의 색, 권력자의 색?

다음 날 아침, 창희와 세라는 도서관으로 갔습니다.

1층 문화 교실로 들어가자 연두가 인사를 했습니다.

"굿모닝!"

"일찍 왔네. 어제 수업 재미있었지?"

창희가 묻자 연두가 고개를 끄덕였습니다.

"당근이지. 그런데 박사님이 옛이야기를 조금만 들려주셔서 아쉬웠어. 오늘은 옛이야기부터 들려 달라고 조르는 게 어때?"

"맞아. 옛이야기를 곁들여야 수업이 더욱 재미있지."

잠시 뒤 김초록 박사가 교실에 나타났습니다. 그러자 창희가 큰 소리로 말했습니다.

"박사님, 오늘은 빨강에 대한 이야기를 들려주실 거죠? 약속하신 대로 옛이야기 한 토막을 먼저 들려주시면 안 될까요?"

"우리 모두의 소원이에요. 이왕이면 빨강에 얽힌 옛이야기를 들려주세요."

연두도 김초록 박사에게 졸라댔습니다.

"너희들, 어제 수업이 좀 지루했나 보다. 소원이라고 하니 옛이야기를 들려주지. '원숭이 엉덩이는 왜 빨간지 알려 주는 이야기야."

"와, 재미있겠다! 어서 들려주세요."

"옛날 베트남 어느 마을에……."

김초록 박사가 이야기를 시작하자 아이들은 침을 꼴깍 삼켰습니다.

옛날 베트남 어느 마을에 구두쇠 영감 부부가 살았어.

구두쇠 영감은 평생 노랑이짓을 하여 많은 재산을 모았지.

마을 사람들은 구두쇠 영감을 보면 이렇게 수군거렸어.

"지독한 노인네야. 이제까지 남에게 물 한 바가지 그냥 주는 것을 못 봤다니까."

"물 한 바가지가 다 뭐야. 감기 고뿔도 남한테 안 줄 위인이야."

"그렇게 악착같이 돈을 모아 어쩌겠다는 거지? 재산을 물려줄 자식 하나 없으면서."

"누가 아니래. 그러다가 죽으면 남 좋은 일 시키겠지, 뭐."

그러나 구두쇠 영감은 남들이 뭐라 하든, 돈 한 푼을 더 벌어들이기 위해 수전노 노릇을 계속했어.

구두쇠 영감 집에는 부엌일을 하는 젊은 하녀가 있었어. 이 하녀는 얼굴이 못생겼지만, 마음씨는 착했어. 불쌍한 사람을 보면 그냥 못 지나치고, 어떻게든 도와주려고 애썼지.

한번은 이런 일이 있었어.

해가 기울 무렵, 거지 노파 한 사람이 구두쇠 영감 집으로 구걸을 왔어.

그때 구두쇠 영감 부부는 저녁 식사를 하고 있었어.

거지 노파는 빈 그릇을 내놓으며 애원했어.

"찬밥 한 덩이만 주십시오. 사흘째 굶고 있습니다."

구두쇠 영감은 수저를 내던지고 이맛살을 찌푸렸어.

"게을러빠진 할망구 같으니. 손끝 하나 까딱하지 않고 공짜 밥을 먹겠단 말이냐. 여봐라, 게 아무도 없느냐?"

구두쇠 영감은 집이 떠나가라 고함을 질렀어. 부엌에서 하녀가 뛰어나왔어.

"부르셨습니까, 주인님."

"저 할망구를 당장 내쫓아라. 안 나가겠다고 버티면, 개를 풀어 따끔

한 맛을 보여 줘라."

하녀는 서슬이 시퍼런 구두쇠 영감의 눈길을 피해, 거지 노파를 문밖으로 데리고 갔어. 그러고는 공손히 말했지.

"할머니, 노여우셨지요? 주인님을 대신하여 사죄 말씀드립니다. 제가 드실 것을 가져올 테니 잠깐만 기다려 주십시오."

하녀는 거지 노파의 그릇을 가지고 부엌으로 들어갔어.

구두쇠 영감이 거지 노파에게 야단칠 때, 하녀는 부엌에 쪼그리고 앉아 저녁밥을 먹으려던 참이었어. 하녀는 자기 몫의 저녁밥을 그릇에 담아서 거지 노파에게 돌아왔어.

"할머니, 변변치 않습니다만, 받아 주십시오."

하녀가 밥그릇을 건네자, 거지 노파는 가슴이 찡 울려 저도 모르게 눈물을 흘렸지.

"어떤 진수성찬이 이 한 그릇의 밥보다 귀하겠나. 아가씨, 고마워요. 아가씨는 반드시 큰 복을 받을 거요. 며칠 뒤 아가씨한테 산속으로 들어갈 기회가 생길 거예요. 그때 동북쪽으로 십 리쯤 걷다가 냇가가 나타나면 그 물에 꼭 목욕하세요. 그러면 좋은 일이 생길 겁니다."

그렇게 말하고, 거지 노파는 밥그릇을 들고 총총히 떠났단다.

그로부터 며칠 뒤, 구두쇠 영감 부인이 하녀를 불렀어.

"얘야, 오늘은 산에 가서 나물을 캐 오너라. 주인 영감님이 나물을 잡

숫고 싶으시다는구나."

"예, 얼른 다녀오겠습니다."

하녀는 바구니를 옆에 끼고 산속으로 들어갔어.

거지 노파가 일러 준 대로 동북쪽으로 십 리쯤 걸어갔어. 그러자 정말 냇가가 나타났어.

하녀는 옷을 훌훌 벗고 물속에 뛰어들어 목욕했어.

목욕을 마치자 상쾌해졌어. 날아갈 것 같은 기분이었지.

하녀는 나물을 뜯어서 구두쇠 영감 집으로 돌아왔어.

그런데 다음 날부터 깜짝 놀랄 일이 벌어졌어. 못생긴 하녀가 나날이 아름다워지는 거야.

하녀를 아는 사람들은 하나같이 눈이 동그래졌어.

"저게 누구야? 구두쇠 영감 집 하녀가 틀림없나? 너무너무 예뻐져서 전혀 몰라보겠는데."

"야, 선녀가 따로 없다니까. 아니, 선녀도 저 아가씨보다 못할걸?"

하녀의 달라진 얼굴을 보고 총각들은 가슴을 태웠어.

하녀에게 매혹되어 부잣집 아들이나 귀족 청년이 몰려들었어. 그들은 하녀에게 다투어 청혼했지.

자기 집에 높은 신분의 젊은이들이 들끓자, 구두쇠 영감은 생각했어.

'나한테 자식이 없는데 하녀 아이를 양딸로 삼아 버려? 그러면 나는 부자나 높은 벼슬아치와 사돈을 맺게 될 것 아냐. 거참, 괜찮네.'

구두쇠 영감은 망설이지 않고 하녀를 양딸로 삼았어.

하녀는 구두쇠 영감 부부를 부모님으로 극진히 섬겼어.

그러던 어느 날, 구두쇠 영감 부부는 하녀를 안방으로 불러 말했어.

"애야, 한 가지 물어볼 말이 있구나. 네가 요 며칠 사이에 몰라보게 예뻐졌는데 그 비결이 뭐니?"

하녀가 대답했어.

"산에 들어가 동북쪽으로 십 리쯤 걸어가면 냇가가 나와요. 그 물로 목욕을 했더니 남들이 예뻐졌다고 하던데요."

"호, 그래?"

구두쇠 영감 부인은 귀가 번쩍 뜨였어.

"영감, 들으셨지요? 우리 함께 가서 목욕합시다. 그러면 당신은 미남이 되고 저는……호호호, 미녀가 될 거예요."

"그랬으면 오죽 좋겠나. 우리 딸애가 미인이 된 걸 보면 뭔가 있긴 있는 모양인데, 같이 가 보자고."

구두쇠 영감 부부는 하녀를 집에 남겨 두고 산속으로 들어갔어.

하녀가 말한 대로 길을 찾아가니 정말 냇가가 나왔어.

두 사람은 서둘러 옷을 벗고 물속으로 들어갔어.

물속은 얼음장같이 차가웠지. 그래도 꾹 참고 목욕을 했어.

그런데 목욕을 마치고 물에서 나왔을 때였어.

구두쇠 영감 부부는 몸이 간지러워 견딜 수가 없었어. 그래서 온몸을 박박 긁었지. 그러자 몸이 금세 부어오르더니, 난데없이 털로 뒤덮이는 거야.

구두쇠 영감 부부는 서로의 변한 모습을 보고 소스라치게 놀랐어.

"이럴 수가! 냇물에 목욕하니 괴물로 변해 버렸구나. 고 계집애가 우리를 속였어."

구두쇠 영감 부부는 분통이 터졌어.

"양딸로 삼았더니 은혜를 배신으로 갚아? 요 앙큼한 것을 그냥……."

그들은 주먹을 불끈 쥐고 집을 향해 달려 내려갔어.

한편, 하녀는 구두쇠 영감 부부가 돌아오기를 기다리고 있었어.

돌아올 때가 되었지 싶어 대문 밖에 나와 서성거리고 있는데, 거지 노파가 불쑥 나타났어.

"할머니!"

하녀는 너무 반가워 거지 노파의 손을 덥석 잡았어.

그러자 거지 노파는 쫓기는 사람처럼 다급하게 말했어.

"아가씨, 시간이 없어요. 지금부터 내가 시키는 대로 하세요. 그러지 않으면 목숨을 잃게 될지도 몰라요."

"예?"

하녀는 깜짝 놀랐어. 목숨을 잃게 될지 모른다니, 무섭고 떨렸어.

거지 노파가 말을 이었어.

"이 집 주인 영감 부부가 지금 원숭이로 변해, 아가씨를 해치려고 달려오고 있어요. 이들은 아가씨가 자기들을 속여 원숭이로 변하게 한 줄로 알고 있거든요. 자기들의 죗값 때문에 그렇게 된 줄 모르고…….

하여간 이들이 오고 있으니, 빨리 막을 준비를 해야 해요. 알겠죠?"

"예."

"대문 앞에 숯불을 피워 놓아요. 어서요!"

하녀는 거지 노파가 시키는 대로 대문 앞에 숯불을 피웠어.

잠시 뒤, 원숭이로 변한 구두쇠 영감 부부가 씩씩거리며 나타났어.

이들은 분노로 눈빛이 이글이글했어. 영감 부부는 아래는 살필 겨를도 없이 오로지 앞만 보고 달려왔어.

대문을 박차고 집 안으로 들어서려는 순간, 몸이 기우뚱했어. 원숭이 두 마리는 나란히 숯불에 엉덩방아를 찧었어.

"앗, 뜨거워!"

이들은 엉덩이가 빨갛게 되었어. 숯불에 덴 거야.

원숭이들은 겁이 더럭 나서 산속으로 쏜살같이 달아나 버렸어. 원숭이 엉덩이가 빨간 까닭을 알았지?

"구두쇠 영감 부부가 평생 노랑이짓만 하더니, 결국 벌을 받아 원숭이가 되었군요."

"숯불에 엉덩방아를 찧어 원숭이 엉덩이가 빨갛게 되었다고요? 하하,

재미있어요."

세라와 다은이가 한마디씩 했습니다.

동배도 입을 열었습니다.

"저도 이야기를 재미있게 들었어요. 그런데 박사님, 원숭이는 온몸이 털로 뒤덮여 있는데, 왜 엉덩이가 빨간 거죠?"

"원숭이는 엉덩이에만 털이 없고 빨갛지. 그 이유는 원숭이 피부가 하얗고 얇아 핏줄이 투명하게 드러나 보이기 때문이야. 엉덩이 피부 아래 많은 모세혈관이 있어 그 안에 흐르는 피가 그대로 보이는 거지."

"그렇군요. 동물원에 가면 원숭이 엉덩이를 자세히 들여다봐야겠어요. 박사님, 제가 며칠 전에 『빨간 머리 앤』이라는 소설을 읽었는데요. 앤은 길버트라는 남자아이와 유독 사이가 좋지 않았어요. 길버트가 앤의 머리카락을 잡아당기며 '홍당무'라고 놀렸거든요. 원숭이도 엉덩이가 빨갛다고 놀림을 많이 받던데, 빨간 머리를 가진 사람도 앤처럼 놀림을 많이 받겠죠?"

동배는 김초록 박사에게 또 다른 질문을 했습니다. 그러자 김초록 박사는 반색하며 말했습니다.

"질문 잘했다. 그렇지 않아도 빨간 머리에 대해 이야기를 하려던 참이었다. 빨간 머리는 옛날부터 서양에서 사람들이 싫어하는 머리색 가운데 하나였어. 빨간 머리를 가진 사람은 교활하고 화를 잘 낸다며 상

대하기를 꺼렸지. 심지어 빨간 머리를 가진 사람을 악마로 몰아 화형에 처하기도 했단다. 마녀 사냥이 성행했던 중세 유럽에서는 빨간 머리 때문에 마녀로 몰려 목숨을 잃은 여인들이 수없이 많았어. 당시에 사람들이 빨간 머리를 가진 사람을 어찌나 싫어했는지, 중세의 기독교 성화에서 예수를 배반한 가룟 유다는 빨간 머리나 붉은 수염을 하고 있고, 입에서 입으로 전해지는 이야기를 모아 엮은 민담집에서 마귀할멈은 대부분 매부리코에 빨간 머리로 묘사했단다."
창희가 얼굴을 찡그리며 물었습니다.
"빨간 머리를 왜들 그렇게 미워했나요?"
"그 이유는 유럽을 침략했던 바이킹 가운데 빨간 머리나 붉은 수염을 가진 사람이 많았기 때문이야. 800~1100년 사이에 영국과 프랑스 해안가 주민들은 스칸디나비아반도의 노르만족 바이킹의 침공으로 공포에 떨었단다. 이들은 바이킹을 '붉은 패거리'라고 부르며 몹시 두려워했지. 이때부터 사람들은 빨간 머리에 대한 부정적인 이미지를 가져 빨간 머리를 가진 사람을 혐오하고 미워하게 되었어."
"사람들이 빨간 머리를 싫어했다면 빨강도 싫어했나요?"
세라가 갑자기 생각난 듯 그렇게 물었습니다.
김초록 박사는 고개를 가로저었습니다.
"그렇지 않아. 빨강은 사람들이 가장 좋아하는 색 가운데 하나이거든.

색 중에서 가장 화려하고 눈에 잘 띄는 색이지. 지금부터 빨강에 대한 여러 가지 재미있는 이야기를 들려줄게."

빨강을 영어로 '레드', 프랑스어로 '루주', 독일어로 '로트', 이탈리아어로 '로소'라고 하지. 이 말들은 피를 뜻하는 산스크리트어 '루디아'에서 비롯되었단다. 빨강은 그 빛깔 때문에 피를 상징하지. 우리나라 말인 빨강은 '붉다'라는 말에서 나왔어. '붉다'의 어원은 불로, 빨강은 불의 색을 표현한 것이야. 활활 타오르는 불처럼 강렬한 색채가 바로 빨강이야.

빨강은 인류 역사에서 가장 오래된 색이란다. 석기 시대에 이미 동굴 벽화에 빨간색이 사용되었거든. 인류 역사에서 가장 먼저 색으로 인정받은 것이 빨강이야. 얼마나 널리 쓰였는지 '색이 있다'라는 말은 빨강과 같은 의미였어. 색을 뜻하는 영어의 '컬러'도 빨강을 뜻하는 스페인어 '콜로라도'에서 비롯되었단다.

옛날에 빨강은 전쟁의 색이었어. 고대 그리스 사람들이나 에트루리아 사람들은 온몸에 빨간색을 칠하고 전쟁터에 나갔지. 로마 시대에는 전쟁의 신 마르스★를 섬겼는데, 빨강은 마르스의 색이었어. 마르스에게는 피의 색, 빨강이 바쳐졌지. 로마 병사들은 '피의 깃발'인 빨간색 깃발을 신호로 하여 일제히 공격했단다. 로마군의 지휘관은 빨

마르스와 레아 실비아 (루벤스, 1616)
전쟁의 신 마르스가 빨간색 망토를 걸치고 있다.

간 망토를 둘렀어. 율리우스 카이사르가 처음 이를 사용했는데, 망토의 빨강은 전쟁의 신 마르스를 상징하지.

10세기경 바이킹은 전투를 시작할 때 돛대 위에 빨간 방패를 매달았어. 이것은 전쟁 선포를 뜻했지. 뒷날 바이킹의 후예인 덴마크 해병도 빨간색 깃발을 공격 신호로 삼았단다.

현대에 와서 빨강은 공산주의를 나타내는 색이 되었어. 그전에 빨간색 깃발은 혁명의 상징이 되었는데, 1791년 프랑스 대혁명 때 빨간색 깃발 아래 모인 군중들이 경찰의 발포로 50여 명이나 희생되었기 때문이야. 1917년 러시아 혁명 이후 여러 공산 국가들이 빨강을 국기의 색으로 사용함으로써 빨강은 공산주의를 상징하는 색이 되었지.

고대 로마 사람들은 빨강을 매우 좋아했어. 그들은 빨간색 옷을 즐겨 입었으며, 신전은 물론 군복 · 신발 · 깃발 등 모든 것을 빨간색으로 물들이고자 했지. 그러자 빨간색을 내는 염료가 금세 동이 나 버렸단다. 염료 1g을 만드는 데 조개 10만 개가 필요했거든.

빨강 염료는 아주 귀하기 때문에 무척이나 비쌌어. 따라서 빨간색 옷은 왕이나 귀족들만 입었지. 이제 빨간색 옷은 힘과 권력을 가진 사람들만 입었기에, 빨강은 권력자의 색이 되었어. 4세기 초 로마에서는 신분이 낮은 시민이 빨간색 옷을 입으면 사형에 처하기도 했단다.

중세에 와서도 빨강은 왕이나 귀족 등 상류층의 색이었어. 이때는 빨간색 망토가 유행했는데, 상류층 사람들은 땅에 질질 끌리는 긴 망토를 걸치고 다녔지. 하지만 신분이 낮은 사람들은 흐린 색의 짧은 망토를 입어야 했단다. 그래서 1524년 독일에서 농민 폭동이 발생했을 때 농민들은 빨간색 망토를 입게 해 달라고 요구하기도 했지.

세월이 흘러 부유한 시민 계층이 생기면서 빨강은 부자의 색이 되었어. 부자들은 혼인할 때도 빨간색 혼례복을 입었지.

빨강을 신분과 관계없이 누구나 이용할 수 있게 된 것은 1870년대에 들어와서야. 인공 합성 염료인 아닐린 염료가 나왔거든. 빨간색을 내는 아닐린 염료를 값싸게 이용할 수 있어 빨강은 비로소 대중의 색이 되었단다. 남녀노소 빨간색 옷을 자유롭게 입게 되었지.

중국 사람들은 빨강을 좋아한다고 해. 중국 어디를 가도 빨간색을 많이 볼 수 있지. 중국 사람들은 특히 춘절에 빨강을 많이 사용하는데, 선물이나 축의금도 빨간색 봉투에 담아서 준단다. 그리고 춘절이 되면 옷과 양말, 신발까지 빨간색으로 준비한다고 해. 중국 사람들이 이처럼 빨강을 좋아하는 것은 빨강이 악귀를 물리치고 복을 불러온다고 믿어서야.

크리스마스 하면 산타클로스가 떠오르고, 산타클로스 하면 빨간색 옷이 생각나지? 산타클로스는 4세기경 소아시아 지방 미라의 주교였던 성 니콜라스의 이름에서 비롯되었다고 해. 니콜라스는 어려운 이웃 주민들에게 남몰래 많은 선행을 베풀었지. 그가 세상을 떠나자 그를 따르던 사람들은 그가 죽은 날인 12월 6일을 '니콜라스의 날'로 정해 매년 가난한 아이들에게 선물을 나눠 주었어. 이때 성 니콜라스 역을 맡은 사람이 빨간색 옷을 입었다고 하지. 이 풍습은 유럽 전체로 퍼졌는데, 아메리카 대륙으로 이주한 네덜란드 사람들은 성 니콜라스를 '산 니콜라우스'라고 불렀어. 이 이름이 변하여 '산타클로스'가 된 거야.

산타클로스가 빨간색 옷을 입는 것은 코카콜라 회사와 관련이 있다는 이야기도 있어. 1920년대에 코카콜라 회사는 겨울철에 콜라가 팔리지 않자 광고 전략을 세웠어. 코카콜라 광고에 빨간색 옷을 입고 코카콜라를 마시는 산타클로스를 등장시킨 거야. 이 광고는 성공을 거두어 겨울철에도 코카콜라가 많이 팔렸고, 산타클로스의 빨강은 코카콜라의 상징색이 되었단다.

"김초록 박사님, 이야기 잘 들었어요. 옛날에는 빨강이 왕이나 귀족 등 권력자의 색이었군요."
"독일에서 농민들이 빨간색 망토를 입게 해 달라고 폭동을 일으켰다니 놀라워요."
"저는 산타클로스가 빨간색 옷을 입게 된 사연이 재미있어요. 코카콜라 회사에서 광고 전략으로 코카콜라를 마시는, 빨간색 옷을 입은 산타클로스를 등장시켰다니요."

이야기를 들은 아이들이 돌아가며 한마디씩 했습니다.

김초록 박사가 말했습니다.

"참! 너희들, 스페인에서 투우 경기를 할 때 투우사가 빨간색 천을 흔들어 소를 흥분시킨다는 이야기를 알고 있니?"

"예, 책에서 읽었어요."

"사람들은 대부분 소가 빨간색을 보고 흥분하는 줄 아는데, 실제는 그렇지 않단다. 소는 빨간색을 구별할 줄 모르는 색맹이거든. 소가 흥분하는 이유는, 투우장에 나오기 전에 만 하루 동안 어두컴컴한 방에 갇혀 있다가 갑자기 밝은 햇살 속으로 걸어 나와서야. 그때 투우사가 칼을 쥔 채 천을 마구 휘두르니 흥분하지 않을 수 없겠지?"

"아, 그렇군요. 새로운 사실을 알았어요."

"빨강에 대해 더 많은 이야기가 있지만, 이 정도로 마치고, 파랑에 대한 이야기로 넘어갈게."

김초록 박사는 아이들을 죽 둘러보더니 다시 입을 열었습니다.

극진한 환영과 영접의 뜻을 담아 까는 빨간 카펫

국제 영화제 시상식이나 공항, 고급 식당 등에는 빨간색 카펫이 깔린 것을 흔히 볼 수 있어요. 그것은 귀빈을 맞이할 때 맨땅을 밟지 않게 하겠다는 극진한 환영과 영접의 뜻을 담아 빨간 카펫을 깔아 권위를 나타낸 것이지요.

빨간 카펫은 그리스 신화에서 그 유래를 찾을 수 있어요. 아르고스의 왕 아가멤논은 트로이 전쟁에서 승리한 뒤 10년 만에 고국으로 돌아왔어요. 이때 왕비 클라임네스트라는 그를 환영한다며 왕궁에 빨간 카펫을 깔았어요. 하지만 아가멤논은 빨간색은 '신의 색'이라며 빨간 카펫 위를 걷지 않았답니다.

유럽에서 빨간 카펫이 공식 행사에서 처음 쓰인 것은 프랑스 나폴레옹 1세의 황제 즉위식 때였어요. 그 뒤로 유럽 왕실에서는 귀빈을 맞이할 때 빨간 카펫을 까는 전통이 생겼어요.

오늘날에는 국제 영화제 시상식뿐 아니라 정상 회담을 하러 외국의 원수가 왔을 때 귀빈을 맞이하기 위해 빨간 카펫을 깔고 있답니다.

빨강을 좋아하는 사람의 성격

　빨강을 좋아하는 사람은 조용하고 내성적인 사람보다 외향적이고 적극적인 사람이 많아요. 열정적이고 행동적이어서 자신이 원하는 일은 앞뒤를 가리지 않고 행동에 옮기지요.

　리더의 자질도 있고 다른 사람들을 감싸 주는 능력도 있어요. 그래서 빨강을 좋아하는 사람 가운데는 훌륭한 지도자나 개혁가, 투사, 기업인, 예술가, 탐험가, 운동 선수 등이 많아요.

　빨강을 좋아하는 사람은 항상 자신감이 넘치고, 자기가 생각한 바를 거침없이 말해요. 자유로이 느낀 대로 표현하고 행동하지요.

　단점이라면 자존심이 강하고 감정의 기복이 심해 쉽게 흥분하며 단조로운 일에는 금세 싫증을 낸다는 점이에요. 불행한 일을 만나면 다른 사람 탓으로 돌리거나 세상을 원망하기도 해요.

　빨강을 좋아하는 사람은 마음에 드는 이성이 나타나면 적극적으로 구애해요. 순식간에 사랑에 빠지고 애정 표현을 잘한답니다.

제7장
파랑은 인류가 가장 좋아하는 색?

파랑은 인류가 가장 좋아하는 색이야. 오늘날 사람들에게 어떤 색을 좋아하는지 물으면 가장 많이 꼽는 색이 파랑이지. 빨강은 좋아하는 사람도 많지만 싫어하는 사람도 많단다. 그에 비해 파랑은 대부분 호감을 느껴. 그것은 파랑이 자연을 상징하는 색으로 우리 마음을 평안하게 해 주기 때문이야. 불면증에 시달리는 사람도 침대 시트나 커튼을 파란색으로 바꾸면 편안한 잠을 잔다고 하는구나.

파란색을 보면 혈압이 내려가고 빠른 맥박이 늦춰지지. 그래서 고혈압이 있는 사람은 파란색 잠옷을 입는 것이 좋다고 해.

파랑은 영어로 '블루'라고 하는데, 이는 고대 게르만어계의 '블라오'에서 나온 말이야. 염료인 쪽에서 만들어진 파랑을 의미하지.

그런데 고대 그리스나 로마에서는 파랑을 뜻하는 단어가 없었다고 해. 파랑은 그저 초록과 비슷한 색으로 생각했지. 호메로스의『오디세이아』에는 검정·하양 등이 수백 번 나오는 데 비해 파랑은 단 한 번도 나오지 않아. 파란 바다를 '포도주 빛깔의 바다'로 묘사할 따름이지. 이를 보고 어느 고전 연구가는 그리스 사람들이 색맹이 아닐까 추측했다고 해. 그러나 그것은 파랑에 관해 관심이 없었기 때문이야. 고대 그리스에서는 파란색을 내는 염료를 만들지 못했다고 해. 그러니 파랑이라는 색을 알지 못하는 것이 당연했지.

고대 로마에서도 파랑은 색으로 대접받지 못했어. 로마 사람들에게는 파랑이 야만인들이나 사용하는 색일 따름이었어. 로마군과 자주 맞서 싸웠던 켈트족이나 게르만족은 전쟁터에서 적군을 위협하려고 온몸을 파랗게 칠했거든. 그 모습은 마치 유령처럼 보였지. 따라서 로마 사람들은 파란색을 불길하게 느끼고 죽음의 색이라 생각했어. 그리고 켈트족이나 게르만족의 파란 눈은 사악한 존재로 보여 파란 눈을 가진 사람을 추악하게 여겼단다.

로마의 왕과 귀족들은 파랑을 켈트족이나 게르만족의 색이라 하여 파란색 옷을 입지 않았어. 파란색 옷을 입는 것은 신분이 낮은 사람들뿐이었지. 그렇게 서양에서는 중세까지 파랑이 상류층에게 버림을 받았고, 빨강·보라·하양·검정이 고귀한 색으로 인기를 얻었단다.

하지만 파랑은 고대 이집트에서는 아주 중요한 색이었어. 이집트 사람들의 젖줄이라 할 수 있는 나일 강의 신을 상징하는 색이었으니까. 이집트 사람들은 파랑이 악한 기운을 물리치고 이집트에 번영과 발전을 가져오리라 여겼어. 그래서 기원전 2,500여 년 전에 파란색을 내는 안료를 만들어 사용했지. 이 안료가 바로 '이집트 블루'야.

이집트 블루는 구리·모래·석회를 원료로 하여 만든 인공 안료란다. 파라오 투탕카멘의 석관을 덮고 있던 마스크를 비롯하여 여러 장식품을 칠하는 데 사용했어. 이집트의 화가들은 이집트 블루를 가지고 이집트 사람들이 떠받드는 나일 강의 푸른 빛깔을 정확히 나타낼 수 있었지.

파랑은 이렇듯 이집트에서는 매우 중요한 색으로 사랑받았지만, 유럽에서는 고대 그리스와 로마 시대를 거쳐 중세에 와서도 보기 흉하고 볼품없는 색으로 취급받았어. 그러다가 12세기에 들어 반전이 일어나는데, 파랑이 성모 마리아의 색이 되면서 갑자기 유행하기 시작했어.

기독교에서는 성모 마리아를 '바다의 별'이라고 부르지. 성모 또는 어머니를 바다의 이미지로 받아들여, 바다색인 파랑은 성모 마리아★의 색이 되었어. 그리하여 화가들은 성모 마리아의 옷을 파란색으로 묘사했지. 성모 마리아가 입는 겉옷·드레스 등 모든 옷이 파란색이 된 거야.

기도하는 성모 마리아(사소 페라토, 1640-1650)
파란색이 성모 마리아를 상징했다.

파랑이 성모 마리아를 상징하는 색이 되자 파랑은 그 지위가 올라갔어. 파랑이 상류층에 파고들어 왕과 귀족들의 것이 되었지. 보라색 염료의 원료인 조개가 멸종되어 기독교 성직자들이 보라색 옷 대신 빨간색 옷을 입자, 왕과 귀족들은 기독교 성직자들과 구분하려고 빨간색 옷이 아닌 파란색 옷을 입었던 거야.

중세에는 빨강이 가장 인기가 높았지만, 14세기에 와서는 파랑이 빨강을 따라잡았어. 당시에는 빨강과 파랑 염료를 각각 다른 상인이 취급했어. 빨강 염료 상인들은 파랑이 인기를 끌자 위기를 느꼈어. 그래서 이들은 스테인드글라스 직공들에게 이렇게 부탁했지.

"스테인드글라스에 지옥이나 악마를 묘사할 때 파란색을 사용해 주시지요."

스테인드글라스 직공들은 빨강 염료 상인들의 부탁을 들어주었어. 그러나 파란색에 대한 인기는 사그라들지 않았지. 오히려 날이 갈수록 인기가 높아져, 18세기 초에는 마침내 파랑이 빨강보다 더 많이 사랑받는 색이 되었단다.

당시에 유럽에서는 파랑 염료를 대청에서 얻었어. 대청은 상추와 비슷한 식물인데, 대청 잎을 오줌으로 발효시켜 파랑 염료를 생산했지. 13세기에 파랑이 인기를 끌자 영국·스페인·독일·프랑스 등지에서 대청을 많이 재배했어. 그러다가 17세기에 '인디고'라고 불리는 인도의 인디

  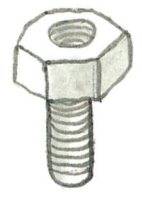  

고페라, 즉 대청보다 30배나 짙은 파란색을 내는 청람이 유럽으로 수입되어 널리 퍼져 나갔지. 인디고는 처음에 유럽 여러 나라에서 판매를 금지당했어. 당시에 농가에서 농민들이 대청을 재배하였기 때문에 이들을 보호하기 위해 그런 조치를 했던 거야. 독일에서는 인디고를 '악마의 색'이라고 불렀으며, 프랑스에서는 인디고를 사용하는 사람을 사형에 처했단다. 하지만 인디고의 품질이 워낙 뛰어났기 때문에 인디고의 사용은 점점 늘어났어. 나중에는 유럽에서 대청 농가들이 자취를 감추고 인디고 농가가 그 자리를 차지했단다. 그 뒤로 19세기 후반에 화학 합성을 통해 인공 염료가 만들어지면서 천연 염료는 생산량이 줄어들었지.

산업 혁명이 일어난 유럽에서는

블루 칼라

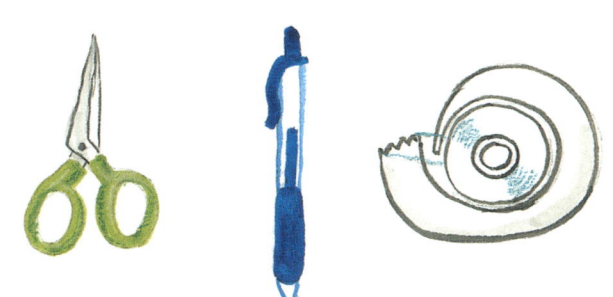

노동자들이 입는 작업복을 인디고로 염색했어. 노동자들은 파란색 작업복을 입는다고 '파란 남자'라 불리었어. 그리고 영국·미국에서는 생산직 노동자들을 '블루칼라'라고 하고, 하얀 칼라에 넥타이를 매는 사무직 노동자를 '화이트 칼라'라 했단다.

당시에 유럽에서 화가들이 사용하는 파랑 안료(물감)는 '울트라마린'이었어. 울트라마린은 라틴어로 '바다 건너편'이란 뜻이지. 이 안료의 재료인 청금석이 아프가니스탄에서 채취되어 바다를 건너 배로 운반해 오기에 붙여진 이름이었어. 울트라마린은 청금석을 곱게 갈아 이를 접착제와 섞어 만들었어. 청금석은 금광이나 은광에서 캐내기 때문에 청금석의 색은 화가들 사이에 가장 비싼

화이트 칼라

색으로 알려져 있었어. 울트라마린은 다른 안료보다 100배 이상 비쌌거든. 오늘날에도 1kg에 1,500만 원 이상 팔리고 있단다.

그렇게 비싼 안료이니 중세와 르네상스 시대의 화가들은 울트라마린을 최대한 아껴 사용했어. 성모 마리아를 그릴 때라든가, 아주 중요한 부분에만 썼지. 당시에는 화가와 의뢰인이 맺는 계약서에 울트라마린을 얼마쯤 사용한다고 명확하게 밝혀 놓았다는구나. 인조 울트라마린은 1834년 처음으로 개발되어 오늘날에는 1kg에 1~3만 원에 팔리고 있지.

1775년에는 코발트 광석에서 얻은 파랑 안료인 '코발트블루'가 생산되었어. 코발트는 '요정'이라는 뜻이야. 어두컴컴한 광산에서 파랗게 빛나는 코발트가 요정의 눈처럼 보였다나. 하지만 코발트블루는 화가들에게 좋은 반응을 얻지 못했어. 착색이 잘 안 되고 바탕이 비치는 등 문제점이 적지 않아서야. 그 뒤 19세기에 와서 색이 바래지지 않는 합성 코발트블루가 개발되어 빈센트 반 고흐★ 등의 화가들에게 큰 사랑을 받았단다.

별이 빛나는 밤에(고흐, 1889)

김초록 박사가 이야기를 마치자 세라가 만족스럽다는 듯 말했습니다.
"파랑은 제가 좋아하는 색이에요. 이렇게 많은 이야기가 숨어 있을 줄은 몰랐어요. 제가 파랑을 좋아하는 것이 얼마나 다행스러운지 몰라요."

"후후, 긍지와 자부심을 느낀단 말이지?"

김초록 박사가 이렇게 묻자 세라는 함박웃음을 지었습니다.

"그럼요. 대통령님이 사시는 청와대도 파란 집이잖아요."

"왜 청와대라는 이름을 얻었는지 아니?"

"글쎄요, 모르겠어요."

"청와대(靑瓦臺)는 이름 그대로 파란 기와로 지붕을 씌웠다고 해서 붙여진 이름이야. 이승만 대통령 시절에는 대통령 관저를 '경무대'라고 했는데, 1960년 4·19혁명으로 집권한 윤보선 대통령은 경무대라는 이름을 다른 이름으로 바꾸고 싶어 했단다. 그래서 전문가의 자문을 얻어 '청와대'로 정했지. 대통령 관저 기와의 파란색은 평화를 뜻하지 않니? 미국 대통령 관저는 백악관, 즉 화이트하우스이니 청와대라 하면 '블루하우스'가 되어 비교도 되고……. 또한 파란 기와(청기와)는 우리 고유의 문화재이니 의미도 있잖아."

"아, 청와대도 그냥 지은 이름이 아니로군요. 의미가 참 깊어요."

그때 창희가 중얼거리듯 말했습니다.

"나는 이담에 커서 어른이 되면 파란색 자동차를 살 거야."

"파란색 자동차라고? 혹시 파란색 자동차가 사고 날 확률이 더 높다는 거 아니?"

김초록 박사의 말에 창희는 놀라서 눈이 휘둥그레졌습니다.

"그게 정말이에요? 그럴 만한 특별한 이유가 있나요?"

"색에는 후퇴색과 진출색이 있단다. 같은 위치에 있어도 실제보다 멀게 보이는 색이 후퇴색이고, 실제보다 가까이 있어 보이는 색이 진출색이야. 파랑·초록·남색 등의 차가운 색이 후퇴색이고, 빨강·주황·노랑 등의 따뜻하고 밝은색이 진출색이지. 후퇴색 차를 따르는 운전자는 그 차가 멀리 있어 보이지만, 실제는 가까이에 있어 사고의 위험이 큰 거야. 그러니 파란색 자동차가 교통사고를 일으킬 확률이 높은 거지. 실제 연구 결과도 그렇게 나왔어."

창희는 여전히 놀라는 표정을 지었습니다.

"그럴 수가! 파란색 자동차를 가지겠다는 꿈은 접어야겠어요. 박사님, 파랑에 대한 이야기를 들었는데, 파랑을 의미하는 영어 단어 '블루'는 '우울하다'는 뜻이지요?"

"그렇단다. 왜 파랑에 그런 뜻이 담겼는지 아니? 옛날에 항해를 떠난 배는 도중에 선장이 죽었을 경우에 파란 깃발을 게양했단다. 그리고 배가 항구로 돌아오면 선체에 파란색 줄을 그었지. 그 뒤로 파랑에는 '우울하다'는 뜻이 담겼단다."

김초록 박사는 파랑에 대한 이야기를 두어 가지 더 한 뒤 이렇게 말했습니다.

"파랑에 대한 이야기는 이것으로 마치고 노랑에 대한 이야기를 시작해 볼까? 그전에 여러분과 약속한 것이 있으니 옛이야기 한 토막을 들려주지."

"감사합니다!"

아이들은 환하게 웃으며 귀를 활짝 열었습니다.

청바지는 처음에 천막용 천으로 만들어졌다?

1850년대 미국 캘리포니아 지역에 금이 발견되어 수많은 사람이 서부로 몰려들었을 때의 일이에요.

독일 출신의 젊은이인 리바이 스트라우스는 캘리포니아 지역에 와서 천을 만들어 팔았어요. 당시에 많은 사람들이 몰려들어 천막이 부족했기에 그의 사업은 잘되는 편이었어요.

어느 날 천막을 만드는 사람이 찾아와 천막용 천을 주문했어요. 천은 무려 천막 10만 개를 만들 만한 분량이었지요. 스트라우스는 며칠 밤을 새워 천을 만들어 납품했어요. 그런데 천막을 만드는 사람이 천을 퇴짜 놓았어요. 그가 주문한 천은 초록색이었는데, 염색이 잘못되어 파란색이 되었던 거예요. 스트라우스는 눈앞이 캄캄해졌어요.

'이 많은 천을 어떻게 처분하지?'

그는 천막용 천을 싼값에 내놓았어요. 하지만 사 가는 사람은 아무도 없었어요. 빚까지 얻어 천을 만들었기에 스트라우스는 빚 독촉에 시달려야 했어요.

그렇게 실의에 젖어 지내던 그는 어느 날 술집에 갔다가 노동자들이 입고 있던 바지를 보았어요. 그 바지는 많이 닳아 있었어요.

'튼튼하고 질긴 바지를 만들어 팔면 어떨까? 그래, 천막용 천으로 바지를 만들어 파는 거야.'

스트라우스는 천막용 천으로 바지를 만들어 팔았어요. 이 바지가 바로 청바지예요. 청바지는 매우 튼튼하고 질겼기 때문에 날개 돋친 듯 팔려나갔어요.

스트라우스의 청바지 회사는 그의 이름을 따서 브랜드명을 '리바이스'라고 했는데, 오늘날까지 청바지의 대명사로 꼽히고 있답니다.

파랑을 좋아하는 사람의 성격

파랑을 좋아하는 사람은 내성적이고 생각이 깊어요. 쉽게 행동으로 옮기지 못하고 모든 일에 신중하지요. 뛰어난 경영 능력이 있어 목표로 정한 사업은 반드시 이루어내요. 그만큼 추진력이 있고 책임감이 강하지요.

파랑을 좋아하는 사람은 감수성이 예민하고 창의력이 뛰어나요. 그래서 이들 가운데 시인·소설가·철학자 등이 많아요.

파랑을 좋아하는 사람은 자신이 옳다고 생각한 것은 절대로 양보하지 않아요. 남들에게 고집이 세고 독선적이라는 말을 듣지요. 자존심도 강하여 다른 사람들에게 굽히기를 싫어해요.

파랑을 좋아하는 사람은, 좋아하는 이성이 나타나면 정신을 못 차릴 정도로 상대에게 깊이 빠져들어요.

제8장
노랑은 황제의 색?

옛날 인도의 어느 작은 나라에 새 소리만 들리면 자다가도 벌떡 일어나는 공주가 있었어. 공주의 이름은 '개나리'였지. 개나리 공주는 무척 새를 좋아하고 욕심이 많아 아름다운 새를 닥치는 대로 모았지. 그래서 궁전 안은 새들의 울음소리로 귀가 따가울 지경이었단다. 모두 몇 마리가 있었냐고? 세어 보지 않아서 잘 모르겠는데, 아마 수천 마리쯤 될걸.

새를 돌보는 사람만 해도 수십 명이었어. 수천 마리의 새를 모으는 데 얼마나 걸렸는지 아니? 불과 일 년밖에 걸리지 않았어. 이렇게 짧은 세월에 그 많은 새를 모을 수 있었던 것은 개나리 공주가 내건 상 때문이었어.

"아름다운 새를 잡아 오너라. 푸짐한 상품과 높은 벼슬을 주겠다."

이 소식을 듣고 백성들은 새를 찾아다녔어. 로또 복권에 푹 빠진 요즘 어른들처럼 온통 그 일에 정신을 빼앗긴 거야.

아름다운 새는 보이는 족족 잡혀 궁전의 새장에 갇혔어. 새를 잡아 온 백성은 약속대로 큰 상을 받았지.

일 년이 지나자 더 이상 잡혀 오는 새가 없었어. 아름다운 새가 바닥이 난 거야. 그러자 개나리 공주는 애가 탔어.

'새들의 씨가 말랐나? 아니면 모두 외국으로 이민을 떠났나? 아무튼 큰일이야. 난 수천 마리의 아름다운 새를 가지고 있지만, 아직 세상에서 가장 아름다운 새를 만나지 못했는데……'

개나리 공주의 소원은 세상에서 가장 아름다운 새를 기르는 것이었어. 공주는 그때를 대비해 황금 새장을 구해 놓았지. 그러나 새장의 임자는 좀처럼 나타나지 않고 있었어.

그런데 어느 날, 공주에게 바칠 새를 가져왔다며 할아버지가 찾아왔단다. 하얀 수염을 빨랫줄에 내걸린 아기 기저귀처럼 길게 늘어뜨린 할아버지였지. 공주는 할아버지를 반갑게 맞아 주었지.

"어서 오세요. 그래, 어떤 새를 가져오셨습니까?"

"세상에서 가장 아름다운 새를 가져왔습니다."

"그래요? 빨리 좀 봅시다."

개나리 공주는 할아버지가 들고 온 상자를 내려다보며 이렇게 재촉했

어. 할아버지는 마술사처럼 우아한 몸짓으로 상자를 열었어. 그러고는 상자 안에서 새 한 마리를 꺼냈어.

개나리 공주는 그 새를 보고 입이 쩍 벌어졌어.

"오, 눈부시게 아름답구나! 이렇게 멋진 새가 있다니!"

공주는 새를 받아 들고 기뻐 어쩔 줄을 몰랐어.

"아, 깃털이 너무너무 예뻐. 향기롭고 부드럽고……. 샴푸도 좋은 걸 쓰는 모양이지?"

공주는 새의 깃털을 어루만지고 냄새까지 맡으며 혼자 중얼거렸어. 황금 새장에 새를 넣은 뒤, 개나리 공주는 할아버지에게 말했어.

"세상에서 가장 아름다운 새를 선물로 주셔서 고마워요. 소원이 있으면 말해 보시지요."

"저는 가족이 없어 혼자 살고 있지만, 상금과 벼슬은 필요 없어요. 이제 살 날이 얼마 남지 않아서 그런 것에는 관심이 없어요. 다만 한 가지 소원이 있다면 궁전에 있는 새들이 자유를 얻는 거예요. 하늘을 마음껏 날아다니는 모습을 보고 싶거든요."

개나리 공주는 생각했어.

'정말 욕심이 없는 할아버지네. 난 예쁜 할머니라도 얻어 달라고 할 줄 알았는데.'

공주가 할아버지에게 말했어.

"좋습니다. 소원대로 해 드리지요."

개나리 공주는 할아버지가 지켜보는 가운데 궁전에 있는 모든 새들을 아낌없이 날려 보냈어. 할아버지는 그 광경을 보고 손뼉을 치며 좋아했어.

그날부터 개나리 공주는 황금 새장 곁을 떠나지 않았어. 밥도 황금 새장 곁에서 먹고, 잠도 그 곁에서 잤어. 심지어 볼일도 황금 새장 곁에서 봤어. 공주는 창피한 줄도 몰랐지. 세상에서 가장 아름다운 새를 바라보는 것 말고는 관심이 없었으니까.

그러던 어느 날이었어. 개나리 공주는 시녀를 불러 말했어.

"목욕물을 데우도록 해라. 새가 좀 지저분해져서 목욕을 시켜야 하니까."

"알겠습니다, 공주님."

시녀는 목욕물을 데웠어. 그러고는 세상에서 가장 아름다운 새를 품에 안고 목욕탕으로 갔지. 공주가 따라와 하녀가 목욕시키는 것을 지켜보았어.

"앗!"

개나리 공주는 까무러칠 뻔했어. 온몸을 씻기자마자 새가 새까만 까마귀로 변해 버렸거든.

"아니, 이럴 수가! 그 늙은이한테 속았구나. 까마귀의 깃털을 물감으로 울긋불긋 물들였어. 난 그런 줄도 모르고…….”

개나리 공주는 화가 머리끝까지 났어. 그래서 자신을 속인 할아버지를 잡아 오라고 군사들을 불러 말했어. 그러나 할아버지는 끝내 찾을 수가 없었어. 다른 나라로 멀리 달아나 버렸거든.

개나리 공주는 너무 분하여 병이 났어. 이를 부득부득 갈며 며칠을 앓더니 황금 새장을 보며 숨을 거두었어.

다음 해 봄에 공주의 무덤가에 나무 한 그루가 생겨났지. 노란 꽃을 가지에 단 모양이 꼭 황금 새장 같았어. 그래서 사람들은 이 꽃나무를, 공주의 이름을 붙여 '개나리'라고 부르게 되었단다.

"아름다운 새를 닥치는 대로 모았다니 진짜 욕심 많은 공주예요. 얼마나 새에 눈이 멀었으면 염색한 까마귀를 알아보지 못했을까요?"
"저는 할아버지가 새들의 수호천사가 아닐까 생각했어요. 새장에 갇힌 새들을 구하려고 발 벗고 나섰잖아요."
"노란 꽃을 가지에 단 개나리가 황금 새장 모양이라고요? 정말 그럴 듯해요."
아이들은 이야기를 듣고 저마다 자기 생각을 밝혔습니다.
그때 동배가 물었습니다.
"개나리는 봄에 피는 꽃이죠? 박사님, 봄에 피는 꽃은 왜 노란색이 많아요? 개나리도 산수유도 민들레도 모두 노랗게 피잖아요."

"그 이유는 꽃가루를 옮겨 주는 곤충을 많이 불러 모으기 위해서란다. 노란 꽃은 곤충들의 눈에 잘 띄거든. 노랑이야말로 모든 색채 중에서 가장 밝은색이니까."

"그렇군요. 재미있는 옛이야기를 들려주셨으니 이제부터는 노랑에 대해 여러 가지 유익한 이야기를 해 주세요."

"하하, 그럴까? 너희들이 원한다면 그렇게 해야지."

김초록 박사는 빙그레 웃으며 이야기보따리를 풀었습니다.

노랑은 영어로 '옐로'야. 옐로는 고대 게르만어의 '겔로'에서 나왔는데, '지루', '옐위'를 거쳐 '옐로'가 되었지. 영어로 지질학을 뜻하는 '지알러지', 지리학을 뜻하는 '지아그래피'가 지루에서 나왔다고 하니, 노랑을 뜻하는 옐로가 땅에서 비롯된 말임을 알 수 있겠지?

우리말 '노랑'은 땅의 뜻을 지닌 '놀'과 '눌'에서 비롯되었다고 해. 『천자문』에서도 '하늘은 검고 땅은 노랗다.', 즉 '천지현황(天地玄黃)'이라 했으니, 서양뿐만 아니라 동양에서도 옛날부터 땅의 색을 노란색으로 인식했음을 알 수 있겠지?

노랑은 가장 밝게 느껴지는 색이기에, 서양에서는 먼 옛날에 노랑 하면 태양을 떠올렸단다. 그리하여 노랑은 태양을 상징하는 색이 되었지.

고대 그리스 사람들은 노랑을 태양의 신 아폴론의 색이라 믿었어. 그들은 아폴론을 비롯하여 그리스 신화에 나오는 신들이 모두 태양의 빛을 상징하는 금발이라고 상상했단다. 그래서 남자들은 염료로 자신의 머리를 금발로 물들였다는구나.

고대에는 여러 나라가 태양을 신으로 숭배했어. 이때 신은 모든 생명체에게 따뜻한 빛을 주어 농사를 짓게 하고 초목을 키우는 고마운 존재였지.

그런데 노랑은 태양을 상징할 뿐만 아니라 금을 상징했어. 영어로 노랑과 금은 어원이 같으며, 옛날 사람들은 노란색을 황금색이라고 불렀단다.

중국에서는 황금색에 가까운 노랑이 가장 진귀한 색이었어. 중국 사람에게는 노랑이 권위와 부귀를 상징했지. 중국 황제는 노란색 옷을 입었는데, 이 옷이 바로 '황룡포'야. 중국 황제의 상징인 용을 금실로 수놓은 노란색 옷이었지. 중국 황제가 이런 옷을 입게 된 데는 다음과 같은 사연이 전해지고 있어.

지금으로부터 3천여 년 전, 주나라 무왕이 은나라 주왕을 토벌하려고 대군을 이끌고 출정했을 때의 일이야. 어느 날 강을 건너려 하자 갑자기 폭풍이 불어왔어. 무왕은 폭풍 때문에 강을 건널 수 없었지. 성난 무왕은 황금으로 만들어진 도끼를 번쩍 치켜들고 이렇게 소리쳤어.

"감히 누가 내 앞길을 막느냐? 하늘의 뜻을 받들어 천하를 다스리는 나를 대적하려 하다니!"

그러자 놀라운 일이 벌어졌어. 폭풍이 멈추고 강이 잔잔해진 거야. 그 뒤부터 노란색은 힘과 권위를 상징하는 황제의 색이 되었다고 해.

노란색 옷은 평민은 물론 귀족조차 입을 수 없었어. 노랑이 황제를 뜻하는 색이어서 황제만이 입을 수 있었지.

중국에서는 황제의 옷뿐만 아니라 황궁의 지붕 기와도 노란색이었어. 후한 말에 황건적의 난이 일어났을 때 황건적들은 노란색 두건을 썼지. 그것은 새로운 평등 국가를 건설한다며 황제의 권위에 도전한다는 뜻에서 황제의 색인 노란색 두건을 썼다는구나.

그런데 일반인이 노란색 옷을 입는 것을 금지했지만 불교의 승려만은 예외였어. 중국에서는 오랜 옛날부터 불교를 숭상해 왔으니까. 그래서 승려들이 노란색 옷을 입는 것을 허용했지. 중국 불교에서는 노랑을 신성한 색으로 여겨 오늘날에도 승려들이 노란색 옷을 입고 있단다.

노랑은 이제 불교의 색이 되어 승복은 물론 불상도 어떤 재료로 만들었든 간에 그 표면은 금이나 노란 도금을 하지. 불교 경전은 노란 종이나 비단에 경전을 쓰고, 불교 사원 문에 붙은 종이도 노란색이지. 노랑은 절에서 쉽게 볼 수 있는 색이란다. 태국을 비롯한 동남아시아에서는 해마다 불상에 노란색 옷을 입히는 행사를 한다는구나.

서양에서 노랑은 오랜 옛날부터 그림에 쓰였어. 라스코 동굴, 알타미라 동굴 등의 벽화에 사용된 노랑이 바로 '옐로 오커'야. '오커'는 달걀색을 의미하는 그리스어 '오크라'에서 나온 말로, 노란색이나 빨간색 점토를 뜻한단다. 그러니까 '옐로 오커'는 노란색 점토를 가리키는 말이지. 옐로 오커는 고대 이집트 사람들도 안료로 사용했어. 고대 이집트 사원의 벽화에는 남성과 여성이 등장하는데, 남성의 얼굴은 빨간색으로, 여성의 얼굴은 노란색으로 칠해졌지.

옐로 오커는 색이 잘 바래지 않는다는 장점이 있지만, 칙칙하다는 단점이 있었어. 그래서 선명한 노랑을 얻기 위해 노력한 끝에 찾아낸 안료가 석황과 나폴리 노랑이야.

석황은 금색에 가까운 노랑으로, 시나이 사막과 소아시아에서 생산되는 황화비소로 만들었지. 고대 이집트에서는 기원전 2,500년경부터 사용했는데, 고대 그리스와 로마 시대에도 안료로 널리 쓰였단다. 하지만 석황의 재료인 황화비소는 독성이 강하여 사람 몸에 해로웠어. 로마 시대에는 노예들에게 황화비소 캐내는 일을 맡겼는데, 황화비소는 독약과 다름없어 많은 노예가 목숨을 잃었어. 석황은 19세기까지 전 세계에서 안료로 쓰였지만 결국 그 독성 때문에 사용이 금지되었단다.

나폴리 노랑은 이름 그대로 이탈리아의 나폴리에서 생산되었던 안료야. 고대 그리스와 중세 이후 르네상스까지 널리 쓰였는데, 사람 몸에 해로운 납 성분이 들어 있어 지금은 사용이 금지되었지.

고대 이집트에는 그밖에 공동묘지에서 얻는 '미라 노랑'이 있었어. 이 안료는 수지나 역청에 푹 담근 아마천 붕대와 말린 미라의 피부를 갈아서 만들었지. 르네상스 시대부터 19세기까지 화가들은 미라 노랑에서 얻은 색을 그림에 사용했단다.

안료 가운데 가장 밝고 환한 노란색을 내는 안료는 '인디언 옐로'였어. 수채화 물감으로 인기가 높았지. 인도에서 생산되는 이 안료는 1750년부터 유럽에 수입되었지. 인디언 옐로의 재료는 망고 잎만 먹이고, 마실 물은 거의 주지 않고 키운 염소의 오줌이었어. 그래서 안료에서는 오줌 냄새가 지독했지. 동물 학대로 얻어지는 안료이기에 1921년부터 사용이 금지되었단다.

노란색 염료로 가장 유명한 것은 사프란이야. 봄에 피는 크로커스꽃의 암술을 따서 말려 만드는데, 사프란 1kg을 얻으려면 10~20만 송이의 크로커스꽃이 필요했어. 그러니 금보다 비싼 값에 거래되었지. 부자나 귀족들만 사용할 수 있는 염료였어. 사프란은 이미 고대부터 염료뿐만 아니라 향수·약초로도 쓰였어. 고대 이집트의 클레오파트라는 사프란으로 목욕을 하는가 하면, 솔로몬·호메로스·히포크라테스 등은 사프란을 약초로 사용했다는구나. 하지만 사프란은 20세기 초에 합성염료가 개발됨에 따라 그 수요가 줄어들었지.

노랑은 다른 색과 섞이면 금방 다른 색으로 바뀌어 버린단다. 파랑이 스며들면 초록이 되고, 빨강이 스며들면 주황이 되지. 노랑은 이런 점 때문에 변덕을 나타내고, 배신·시기·질투·비겁·질병 등 부정적인 의미로 쓰이는 색이 되었어. 10세기 프랑스에서는 반역자와 범죄자의 집 문을 노랗게 칠했으며, 빚을 진 사람들은 옷에 노란색 옷을 달고 다녀야 했어.

중세에 기독교 성화에 등장하는 가롯 유다의 옷은 늘 노란색으로 칠했지. 가롯 유다는 예수를 배반한 자로, 기독교에서는 배신의 대명사였거든. 노랑은 이단자를 상징하는 색이 되어 이단자로 지목되어 사형 선고를 받은 사람들은 처형장에서 노란 십자가를 목에 걸었단다.

유대인은 예수를 사형시킨 민족으로 유럽에서 기독교인들에게 심한 차별과 억압을 당했어. 유대인은 12세기부터 끝이 뾰족한 노란색 모자를 쓰고 다녀야 했지. 이런 차별은 20세기에 와서도 계속되었단다. 독일의 나치는 유대인을 구별하기 위해 6세 이상 모든 유대인에게 눈에 잘 띄는 노란색 별 모양의 배지를 의무적으로 가슴에 달도록 한 거야. 배지에는 '다윗'이나 '유대인'이라는 글씨를 박아 놓았지.

김초록 박사가 이야기를 마치자 아이들의 질문이 쏟아졌습니다.
"서양에서 노랑이 부정적인 의미로 쓰이는 색이었다니 놀라워요. 우리나라에서도 노랑이 그렇게 부정적인 의미로 쓰였나요?"

"노랑은 우리 어린이들에게 친숙한 좋은 색 아닌가요? 저는 유치원 다닐 때 타고 다녔던 노란색 버스가 잊히지 않아요."

"노란색 하면 저는 세월호 '노란 리본'이 생각나요. 노란 리본은 언제 처음 생겨났죠?"

김초록 박사가 웃으며 말했습니다.

"놀라운 일이야. 노랑에 대해 그처럼 수준 높은 질문을 하다니……. 역시 훌륭한 스승에 훌륭한 제자들이야. 그럼 너희들의 질문에 대해 순서대로 답변해 볼까? 서양에서 노랑이 부정적인 의미로 쓰였는데, 우리나라에서도 그랬냐고? 당근이지. 너희들, '노랑이'란 말 들어 봤지? 지나치게 인색한 사람을 우리나라에서는 그렇게 불렀단다. 노랑이는 엽전 빛깔이 황동 빛이라서 붙여진 이름이래. 그리고 버릇없는 젊은이를 '싹수가 노랗다'라고 했고…….

두 번째 질문은 노랑이 어린이들에게 친숙한 좋은 색 아니냐는 거지? 당연하지. 너희들은 유치원 다닐 때 노란색 버스 타고, 노란색 모자에 노란색 가방까지 들고 다녔으니 말이야. 어린이들이 타는 버스가 노란색인 까닭은 안전을 위해서란다. 멀리서도 눈에 잘 띄어야 사고의 위험을 줄일 수 있겠지? 노랑은 멀리서 가장 잘 보이는 매우 밝은 색이니 어린이들이 타는 버스뿐만 아니라 학교 앞 횡단보도에도 노란색을 칠했지.

……마지막 질문은 노란 리본이 언제 생겼느냐지? 노란 리본은 17세기 영국에서 청교도 혁명이 일어나 왕당파와 의회파가 맞서 싸울 때 처음 등장했어. 의회파 청교도 시민군들은 노란 리본을 몸에 달고 전쟁터에 나갔지. 이 노란 리본은 영국 왕 제임스 1세의 박해를 피해 신대륙으로 떠난 청교도 이주민들을 따라 미국 식민지로 건너갔단다. 그 뒤로 미국은 영국으로부터 독립하고, 노예 문제로 남부와 북부가 남북전쟁을 벌였지. 그때 전쟁터로 나간 남편과 애인을 기다리며, 무사히 돌아오기를 바라는 마음에 노란 리본을 나무에 묶은 여성들의 이야기가 전해졌어. 그리하여 노란 리본은 무사 귀환을 상징하게 되었지.

노란 리본이 널리 알려진 것은 1973년 가수 토니 올랜도가 부른 노래 「오래된 참나무에 노란 리본을 달아 주세요」가 많은 사람에게 불리면서야. 이 노래는 형기를 마친 죄수가 아내에게 '나를 용서하면 집 앞의 오래된 참나무에 노란 리본을 달아 주세요.'라고 편지를 보냈는데, 교도소에서 석방된 그가 마을에 도착했을 때 집 앞의 오래된 참나무에 수많은 노란 리본이 달려 있어 눈물을 흘렸다는 내용이었지. 1979년 이란에 미국 대사관 인질 사건이 일어났을 때 노란 리본은 미국 전역에 널리 퍼졌어. 인질로 붙잡힌 한 외교관의 아내가 남편의 무사 귀환을 빌며 집 앞의 나무에 노란 리본을 주렁주렁 달았거든. 이때부터 노란 리본은 무사 귀환을 기원하는 상징물로 널리 쓰이게 되었단다. 우리나라에서는 2014년 세월호 침몰 사건 때 희생자들의 구조를 염원하는 노란 리본 캠페인이 전개되었지."

창희가 말했습니다.

"저는 세월호 노란 리본만 떠올리면 가슴이 먹먹해지고 눈물이 나요. 제가 비록 어렸지만 수학여행을 떠났던 형, 누나들이 무사히 돌아오기를 빌며 가슴에 노란 리본을 달았는데……."

창희는 말을 채 맺지 못하고 눈물을 글썽거렸습니다.

"저는 부모님을 따라 노란 리본을 달고 분향소에 간 적이 있어요. 그때 얼마나 슬펐는지 몰라요."

연두도 눈시울을 붉혔습니다.

김초록 박사가 말했습니다.

"너희들의 말을 들으니 나도 가슴이 울컥했다. 우리나라에서 세월호 사건 같은 비극은 두 번 다시 일어나지 말아야겠지? 노랑에 대해 알아보았으니 다음은 하양에 대한 이야기를 들려주마."

"예, 어서 들려 주세요."

아이들은 또랑또랑한 눈으로 김초록 박사를 쳐다보았습니다.

노란색을 즐겨 썼던 화가, 고흐

해바라기(고흐, 1880)

네덜란드의 화가 빈센트 반 고흐는 노란색을 즐겨 썼던 화가로 유명해요. 그의 작품에는 태양을 닮은 해바라기, 노랗게 칠한 집, 노란색의 물결이 가득한 가을날의 밀밭 등 노랑으로 채워진 그림들이 많이 있어요. 그중에서도 가장 널리 알려진 작품은 그의 대표작으로 꼽히는 「해바라기」★예요. 이 그림에는 태양 빛처럼 강한 노란 빛을 품은 커다란 해바라기가 그려져 있지요.

고흐는 1888년 8월 동생 테오에게 보낸 편지에서 이 작품을 그리게 된 까닭을 밝혀 놓았어요. 동료 화가 고갱과 함께 공동 작업실을 사용하는데, 그 작업실을 장식하고 싶어서 해바라기 그림을 그렸다나요.

그런데 고흐는 왜 노란색을 즐겨 썼을까요? 그에 대해 고흐가 자신의 눈으로 본 것을 그대로 그렸기 때문이라는 주장이 있어요. 고흐의 눈에는 세상이 노랗게 보여 그대로 그렸다는 거예요.

고흐는 알코올 중독 환자처럼 술을 많이 마셨어요. 그는 주로 '압생트'라는 독한 술을 마셨는데, 이 술에는 뇌세포를 파괴하여 환각을 일으키고, 시각 신경을 손상해 사물을 노랗게 보이게 하는 물질이 들어 있다고 해요. 이 술을 많이 마신 고흐는 환각 상태에서 사물이 노랗게 보여 그런 그림을 그렸다는 거지요.

노랑을 좋아하는 사람의 성격

노랑을 좋아하는 사람은 밝고 명랑하며 표정이 풍부해요. 많은 사람들에게 따스함을 안겨 주고, 행복한 분위기를 만들어 주지요. 매우 낙천적인 성격으로 주위 사람들에게 도움을 많이 주고 힘이 되는 말을 해 준답니다.

노랑을 좋아하는 사람은 표현이 자유롭고 유머 감각이 있어요. 숫자를 잘 다루고 뛰어난 비즈니스 감각이 있어, 기업 경영을 성공적으로 이끄는 사업가가 제격이에요. 사람들과 잘 어울리고 사람들을 편안하게 해 주는 능력이 있어, 언론인·상담사 등으로 일하는 사람들이 많아요.

노랑을 좋아하는 사람은 모든 일에 적극적인 자세를 보이는 반면, 때로 책임을 회피하며 질투심이 많아요. 자신의 뜻대로 되지 않으면 심술을 부리기도 하지요.

노랑을 좋아하는 사람은 좋아하는 이성이 나타나면 일편단심으로 사랑해요. 상대에게 헌신적인 사랑을 하는 거지요.

제9장
하양은 성스러운 신의 색?

하양은 영어로 '화이트', 프랑스어로 '블랑슈', 이탈리아어로 '비안코', 독일어로 '블랑크'라고 하지. 이 모든 말은 '빛나는', '밝은'이라는 뜻을 지니고 있어. 따라서 하양은 빛과 관련이 있는 말임을 알 수 있지.

실제로 옛날 사람들은 하양을 빛 또는 빛나는 것으로 생각했단다. 흰색과 빛이 서로 다르지 않다고 여겼던 것이지.

우리말 하양은 태양을 뜻하는 '히다(白)'와 '히'에서 나온 말이야. '히다'는 '희다'로, '히'는 '해'로 음이 갈라졌지. 한자 '白'은 해를 뜻하는 '日'자 위에 빛을 가리키는 한 획을 내리그어 이루어졌어. 그러므로 옛날 사람들이 해를 흰색으로 인식하였음을 알 수 있지.

우리 민족을 가리켜 흔히 '백의 민족'이라고 하지? 그것은 우리 민족이 오랜 옛날부터 흰옷을 즐겨 입었기 때문이야. 중국 문헌인 『삼국지 위지 동이전』에는 "부여 사람들은 옷의 빛으로 흰빛을 숭상하여 흰색 삼베로 소매가 넓은 도포를 만들어 입었다. 바지도 흰색 바지를 입었다."고 기록되어 있어.

흰빛은 태양을 상징하는데, 민속학자 최남선은 "옛날 우리나라 사람들이 스스로 하느님의 자손임을 믿어, 태양을 상징하는 흰빛을 신성하게 여기며 흰옷을 자랑삼아 입었다."라고 했어.

흰빛은 주몽 신화에 백록(흰 사슴), 박혁거세 신화에 백마(흰 말), 김알지 신화에 백계(흰 닭)가 나올 만큼 상서로운 색이었어. 우리 민족을 '한민족'이라 하는데, 여기서 '한'은 원래 '햇빛'을 뜻하지. 우리 민족은 햇빛을 숭상하는 민족이기 때문에 햇빛의 색깔인 흰색을 좋아하여 흰옷을 즐겨 입었던 것이야.

그런데 우리 민족이 흰옷을 즐겨 입었던 것은 염색 기술이 발달하지 않아서라는 주장도 있어. 염색 기술이 좋지 않아 옷감을 짠 그대로 옷을 지어 입었다는 거야. 그 주장은 고대에만 해당될 뿐이란다. 삼국 시대에는 우리 민족의 염색 기술이 크게 발달하여 수천 년이 지나도 색이 바래지 않는 여러 벽화를 만들었거든.

우리나라에서는 여러 차례 흰옷을 입지 말라는 명이 내려졌어. 고려 충렬왕·공민왕 때, 조선 태종·명종·숙종·헌종·영조 때에도 '흰옷 금지령'이 내려졌어. '음양오행설'에 따르면, 우리나라는 '목위(木位)'에 해당하므로 나무가 되고, 나무는 곧 청색이니 흰옷을 입지 말고 청색 옷을 입어야 한다는 것이었어.

'흰옷 금지령'은 1897년 광무개혁 이후 그리고 1905년에 내려졌어. 우리 민족은 흰옷을 항일 정신의 상징으로 삼았기 때문에 일제는 흰옷 입는 것을 철저히 규제했어. 순검들은 거리에서 흰옷 입은 사람들을 붙잡아 먹물을 뿌리는가 하면 등에다 '흑(黑)'자나 '묵(墨)'자, '염색'을 썼어. 그러나 그런 탄압에도 불구하고 우리 민족의 흰옷 문화는 8·15 광복을 맞이하기까지 꿋꿋하게 지켜졌단다.

우리나라 사람들은 옛날부터 흰색을 숭상하여 흰색 동물이 나타나면 좋은 일이 일어날 징조로 여겼어. 흰 곰이나 흰 뱀이 나타나면 좋은 일이 생긴다고 믿었고, 흰 사슴이 나타나면 상서로운 일이 생긴다고 생각했어. 또한 아침에 흰 말을 보면 그날 돈을 얻거나 재수가 좋을 거라 여겼지.

흰색은 동물뿐만 아니라 사물을 통하여도 좋은 일이 생긴다고 여겼어. 흰밥을 즐겨 먹으면 오래 살고, 흰옷을 입으면 초대받을 일이 생기며, 백발이 되는 꿈을 꾸면 그해에 아무 근심 없이 산다고 믿었단다.

흰색 동물을 신성시하는 것은 우리나라뿐만이 아니야. 다른 나라에서도 흰색 동물을 좋아하여 성스러운 동물로 여겼지. 태국에서는 흰 코끼리를 발견하면 왕에게 바쳤다고 해. 불교 국가여서 흰 코끼리를 매우 신성하게 여겼거든. 전설에 따르면, 석가모니의 어머니인 마야 부인은 상아 여섯 개를 가진 흰 코끼리가 오른쪽 옆구리를 통해 몸속으로 들어오는 꿈을 꾸고 석가모니를 낳았다고 해. 이때부터 불교 국가에서는 흰 코끼리를 성스러운 동물로 여겼지.

또 다른 이야기에 의하면, 석가모니가 살아 있을 때 카시국 왕은 히다이게국 왕과 전쟁을 벌였어. 그는 전세가 불리해지자 부하들에게 힘센 코끼리를 잡아 오라고 명령했어. 그러자 커다란 흰 코끼리가 제 발로 잡혀 와 전쟁터에 나갔지. 그런데 흰 코끼리는 오늘날의 전차 역할을 하지 않고, 피해만 주는 전쟁을 그만하자고 양쪽 진영을 설득했단다. 그리하여 전쟁은 중단되었지. 이 흰 코끼리는 바로 석가모니의 화신이었어. 이때부터 불교 국가에서는 흰 코끼리를 성스러운 동물로 떠받들었다는구나.

고대 일본에서는 흰 꿩을 길조로 여겼어. 고토쿠 천황은 야마구치현에서 바친 흰 꿩을 널리 알리려고 흰 꿩을 뜻하는 말인 '하쿠치'로 연호를 정했지. 그리고 고대 인도에서는 백조를 희고 깨끗한 영혼으로 보았어. 백조를 태양에 비유하여 최고의 세계에 머무르는 생명체로 받들어 모셨지.

하양은 옛날에 죽음의 색이었어. 고대 이집트에서는 사람이 죽으면 이시스 사제들이 장례를 맡았어. 이시스 사제들은 시신을 흰색 붕대로 친친 감아 미라를 만들었지. 고대 유럽에서도 사람이 죽으면 하얀 상복을 입었어.

하얀 상복은 종교적인 의미에서 환생을 의미한단다. 죽음은 끝이 아니라 다시 삶을 이어간다는 믿음에 하얀 상복을 입었지. 이러한 풍습은 16세기까지 이어져 프랑스 왕비들은 하얀 상복을 입었어. 그 뒤에도 유럽의 아이들은 계속해서 하얀 상복을 입었다는구나.

우리나라에서는 상을 당하면 하얀 상복을 입었어. 상주는 물론 친척들도 입었지. 국상을 당하면 온 백성이 3년 동안 흰옷을 입었단다.

하양은 성스러운 신의 색으로 알려져 있어. 그것은 하양이 신을 상징하는 빛에서 오는 데다, 수많은 다른 색들로 변할 수 있기 때문이지. 그래서 신을 모시는 사람들은 옛날부터 신을 찬양하기 위해 흰옷을 입었어. 특히 기독교에서는 천사나 사도, 그리스도의 옷을 흰색으로 나타냈으며, 사제들과 교황도 흰옷을 입었지. 또한 성령은 하얀 비둘기, 예수 그리스도는 하얀 어린 양 등 기독교적 상징을 모두 흰색으로 표현했단다.

19세기에 유럽에서는 하얀 원피스가 유행했어. 여성들은 너도나도 흰옷을 입고 다녔지. 그래서 독일의 작가 괴테는 『색채론』이란 책에서 "이제 여자들은 대부분 흰옷을 입고, 남자들은 검은 옷을 입는다."고 밝혀

놓았단다.

　유럽에서 흰옷이 유행하기 시작한 것은 프랑스 대혁명이 끝난 뒤부터였어. 프랑스 대혁명으로 시민 계급이 귀족 계급에 맞서 승리하면서 자유·평등에 따른 사회적 변화가 일어났어. 그리하여 여자들은 화려한 코르넷 대신에 소매도 없고 허리선도 없는 하얀 원피스를 입었지.

　당시의 시민 계급은 고대 그리스를 이상향으로 여겼어. 사람들은 그리스에서 발굴된 새하얀 신전 건물과 조각상들을 보며 흰색의 아름다움에 깊이 빠져들었어. 그래서 이를 이상화하여 고대 그리스의 부활을 꿈꾸는 예술 운동을 벌였는데, 그것이 바로 '신고전주의'야. 당시에 고대 그리스 문화에 열광했던 사람들은 '흰색이 가장 아름다운 색'이고 '교양 있는 사람들은 색에 거부감을 느낀다.'며 흰색을 높게 평가했지. 당시 유럽에서 하얀 원피스가 유행한 것도 흰색을 예찬하는 시대적 분위기와 연관이 있단다.

　하지만 당시 사람들이 오해하고 있었던 것은, 고대 그리스 신전 건물과 조각상이 흰색이 아니라 원래는 갖가지 색으로 화려하게 채색되어 있었다는 거야. 세월이 흐르면서 그 채색이 모두 벗겨져 흰색만 남은 거지.

　옛날에 화가들이 사용한 흰색 물감은 '백연'이란 물질로 만든 것이었어. 냄비에 식초를 넣고 그 위에 납 조각을 올려 두어 말똥 속에 묻으면, 몇 달 뒤에 납 조각에 하얀 녹 같은 침전물이 생기지. 이것이 바로 백연이야. 백연을 가루로 만들어 빻아 기름 등과 섞으면 물감이나 화장품이 되었단다.

백연으로 만든 물감은 화가들에게 인기가 높았어. 캔버스에 잘 달라붙고 유성 물감과 쉽게 섞였거든. 빠르게 마르고, 마른 뒤에 잘 갈라지지 않았지. 그러나 이 물감은 납 중독으로 생명을 앗아갈 만큼 치명적이었어. 그래서 20세기 초에 티타늄을 원료로 티타늄화이트가 발명되자 화가들은 모두 이 물감을 사용하게 되었지.

백연으로 만든 화장품은 18~19세기에 유럽과 미국에서 인기를 끌었어. 여성들의 얼굴을 하얗게 만들어 주었거든. 그러나 납 중독으로 피부가 점점 망가지고 끝내는 사망에 이르게 하기에 나중에는 사용이 금지되었지.

김초록 박사의 이야기가 끝나기 무섭게 다은이가 입을 열었습니다.
"화장품을 잘못 써서 목숨을 잃다니요. 무서워요. 그 당시 여자들은 하얀 피부가 뭐 그리 대단하다고 다투어 백연으로 만든 화장품을 썼을까요?"
김초록 박사가 말했습니다.
"너 혹시 백설 공주 이야기를 들어 봤니? 백설 공주는 '눈처럼 하얀 피부'를 지녔다고 해서 그런 이름을 얻었지. 그런데 옛날에는 미인의 조건이 백설 공주같이 눈처럼 하얀 피부를 갖는 것이었어. 그러니 여성들은 이런 피부를 갖기 위해 좋다는 화장품은 모두 구해 사용했단다. 특히 얼굴을 새하얗게 만들어 주는 화장용 분말이 여성들의 사랑을 받았지. 그런데 주성분이 납이라서 부작용으로 피부가 망가지고 목숨을 잃게 되는 경우까지 있었단다."

"정말 안타까워요. 당시 아름다움의 기준이 눈처럼 하얀 피부였다니 이해가 되긴 하지만요."

세라도 안타깝다는 표정을 지었습니다.

그때 연두가 물었습니다.

"박사님, 전쟁터에서 항복할 때는 하얀 깃발인 백기를 들어 올리죠? 왜 그렇게 하는 거죠?"

김초록 박사가 대답했습니다.

"1907년 네덜란드 헤이그에서 만국 평화 회의가 열렸는데, 전쟁터에서 항복을 할

때는 백기를 들어 올리는 것으로 규칙이 정해졌단다. 국제 전쟁은 말이 통하지 않는 나라끼리 하지 않니? 그때 항복 여부를 한눈에 알릴 수 있는 표시가 필요했기에 백기를 항복의 표시로 정했던 거야. 그런데 만국 평화 회의가 열리기 훨씬 전부터 백기는 전쟁터에서 쓰이고 있었어. 백기의 기원에 대해서는 몇 가지 설이 있단다.

첫째는 중세 유럽의 '화이트 선데이'라는 교회 행사에서 나왔다는 설이야. 이날은 세례를 받는 날로서 어떤 전쟁도 치를 수 없었어. 모두 휴전을 뜻하는 흰옷을 입었지.

둘째는 나라마다 국기가 다른데, 염색하지 않은 하얀 천에 당신의 국기를 그려 넣어도 좋다는 뜻으로 상대편 나라 진영에 백기를 들었다는 거야.

셋째는 부상자가 너무 많아 싸울 수 없을 때 무기를 버렸다는 뜻으로 하얀 붕대를 흔들었는데, 이를 계기로 백기가 항복의 표시가 되었다는 거야."

"알겠어요. 백기에 그런 유래가 있었군요. 지난번에 청와대라는 이름이 생겨난 이야기를 들려주셨죠? 그런데 미국 대통령 관저인 백악관, 즉 화이트하우스는 어떻게 해서 그런 이름을 얻었어요?"

연두가 다시 질문을 던졌습니다.

"화이트하우스가 완성된 것은 1800년 존 애덤스 대통령 때야. 이때는 화이트하우스가 흰 건물이 아니었지. 하지만 1812년 미영전쟁이 일어나 영국 군대에 의해 화이트하우스가 불에 타자, 보수 공사를 하여 불에 탄 부분을 하얗게 칠한 거야. 이때부터 미국 대통령 관저로 '화이트하우스'라 부르기 시작했고, 화이트하우스는 1901년 루스벨트 대통령 때부터 정식 명칭이 되었단다."

김초록 박사는 화이트하우스의 유래에 대해서도 친절하게 설명해 주었습니다.

새하얀 웨딩드레스는 어떻게 생겨났나?

결혼식 하면 누구나 웨딩드레스를 떠올리죠? 신부가 입는 새하얀 웨딩드레스 말이에요.

그런데 1840년 영국의 빅토리아 여왕이 결혼식을 올리기 전까지는 신부가 결혼식에서 새하얀 웨딩드레스를 입는 것은 거의 드문 일이었어요. 신부들은 자신이 가진 옷 중에서 가장 좋은 옷을 골라 입고 결혼식을 올렸지요. 따라서 신부의 결혼 예복은 파란색·노란색·분홍색·회색·금색·은색·검은색 등 다양했어요.

18세에 앨버트 경과 결혼을 하게 된 빅토리아 여왕은 최고의 신부가 되고 싶었어요. 그래서 그녀는 웨딩드레스를 스스로 디자인했으며, 그 색깔을 하양으로 정했어요. 그 이유는 밝혀지지 않았지만, 빅토리아 여왕은 자신의 웨딩드레스뿐 아니라 머리에 쓰는 면사포, 거기에 달린 레이스도 흰색으로 했어요. 이리하여 빅토리아 여왕은 순백의 아름다운 결혼식을 올렸답니다.

이때부터 새하얀 웨딩드레스는 모든 여성의 로망이 되었어요. 하지만 당시에 하얀 옷감을 쉽게 얻을 수 없었기에 새하얀 웨딩드레스는 꿈도 못 꿀 일이었지요.

그러나 1900년대 이후에 산업이 발달하면서 많은 여성이 새하얀 웨딩드레스를 입기 시작했어요. 그리하여 오늘날에는 전 세계 여성들이 결혼식에서 새하얀 웨딩드레스를 입게 되었답니다.

하양을 좋아하는 사람의 성격

하양을 좋아하는 사람은 순수하고, 항상 완벽함을 추구하며 높은 이상을 갖고 있어요.

하양을 좋아하는 사람은 결벽성이 강해 냉혹한 사람으로 오해받기도 해요. 그러나 실제로는 가정에 충실한 편이며, 보수적 기질이 강해요. 고집이 세고 자존심이 강해 친구는 많지 않아요.

선망의 대상이 되고 싶어 하지만, 다른 색깔의 사람들과 섞이지 않으려 해요. 따라서 다른 사람들의 의견을 수용할 필요가 있어요.

하양을 좋아하는 사람은 개성이 강한 이성에게 끌리며, 애정 표현은 서툴러요. 남자는 연상의 여자, 여자는 나이 차이가 크게 나는 남자와 사랑에 빠지는 경우가 많아요.

제10장
검정은 위협과 공포, 복종을 불러일으키는 색?

"이번에는 검정에 대해 알아볼까? 검정은……."

김초록 박사가 이야기를 시작하려 하자 창희가 서둘러 말했습니다.

"박사님, 잠깐만요. 옛이야기를 먼저 한 다음에 수업을 시작하면 안 될까요?"

"부탁해요! 저희의 간절한 소원이에요."

연두까지 거들고 나서자 김초록 박사가 입가에 미소를 머금었습니다.

"너희들은 참 옛이야기를 좋아하는구나. 간절한 소원이라니 그 소원을 들어주지. 이번 시간에는 검정에 대해 알아볼 차례니, 검정에 얽힌 옛이야기를 들려주마."

어느 글방의 훈장님이 한숨을 푹푹 쉬었어.

'아이들이 공부 시간에 졸아서 큰일이야. 아무리 타일러도 듣지 않으니 원…….'

훈장님은 아이들이 졸지 않고 공부에 열중하기를 바랐어. 하지만 돌아가며 조는 것이었어.

'이 녀석들의 못된 버릇을 고쳐야겠어. 좋은 수가 없을까?'

훈장님은 궁리 끝에 한 가지 방법을 생각해 냈어.

어느 날 훈장님은 아이들이 또 꾸벅꾸벅 졸자 이렇게 말했어.

"또 졸고 있구나. 우물가에 가서 모두 얼굴을 씻고 오너라. 손도 깨끗이 씻어야 한다. 만약에 손이 더러우면 종아리를 맞을 줄 알아라."

아이들은 우르르 우물가로 몰려갔어.

이때 훈장님은 부엌으로 가서 가마솥의 검정을 묻혀 와, 방문의 문고리에 칠해 두었어.

잠시 뒤, 얼굴을 씻은 아이들이 돌아왔어. 아이들은 문고리를 잡아 방문을 열고는 방 안으로 들어왔어.

훈장님이 말했어.

"깨끗이 씻었느냐? 어디 손을 내밀어 보아라."

손을 내민 아이들은 자기 손을 보고 소스라치게 놀랐어. 분명히 씻었는데, 손바닥에 검정이 묻어 있었거든.

훈장님은 호통을 쳤어.
"손이 그게 뭐냐? 깨끗이 씻고 오라는 말을 잊었느냐? 약속을 어겼으니 모두 종아리를 걷어라."
훈장님은 회초리를 꺼내 아이들을 때렸어.

"다시 우물가에 가서 손을 씻고 오너라. 또 손이 더러우면 종아리를 때릴 것이다."

아이들은 손을 씻으러 우물가에 갔어. 그 사이 훈장님은 부엌에서 가마솥 밑의 검정을 묻혀 와 방문의 문고리에 발랐어.

글방으로 들어온 아이들은 훈장님이 말하기도 전에 자신의 손바닥을 들여다보았어.

"앗! 손을 씻었는데 어째서 검정이 묻어 있지? 귀신이 곡할 노릇이네."

아이들은 모두 깜짝 놀랐어.

그제야 훈장님은 웃으며 말했어.

"놀랐지? 내가 미리 문고리에 검정을 칠해 두었다. 그래서 손에 검정이 묻어 있는 거다. 이런 간단한 이치도 깨닫지 못하기에, 너희들이 공부하는 것 아니겠느냐? 졸고 있을 시간이 없다. 정신 차려 공부해야지. 알겠느냐?"

"예, 훈장님!"

그 뒤부터 아이들은 공부 시간에 졸지 않고 정신 차려 글을 읽었단다.

"글방 훈장님이 참 실망스러워요. 못된 버릇을 고치겠다고, 어떻게 아이들을 속여 종아리를 때려요?"

"너무하셨어요. 말로 잘 타일렀으면 좋았을 텐데요."
세라와 다은이가 흥분하여 이렇게 말했습니다.
"지금은 학교에서 체벌을 금하고 있지만, 옛날에는 '사랑의 매'라고 해서 글방에서 훈장님이 종아리를 때렸지. 아이들이 잘못해도 체벌하지 않고 말로 잘 타이르는 것이 좋겠지?"
"그럼요. 저는 가마솥 밑의 검정을 묻혀 와 방문의 문고리에 묻혔다는 이야기가 재미있었어요. 그런데 옛날에는 검은색을 얻으려고 뭔가를 태우고 남은 재나 숯을 이용했나요?"
동배가 묻자 김초록 박사가 대답했습니다.
"물론이지. 그런 방법이 검정을 얻는 가장 쉬운 방법이었거든. 이번에는 검정에 대해 여러 가지 이야기를 들려주마."

검정은 영어로 '블랙'인데, '타는 것'을 뜻하는 라틴어에서 유래했어. 한자 '검을 흑(黑)'은 굴뚝이나 창을 뜻하는 '창(窓)'과 '불꽃 염(炎)'이 합쳐져 된 글자야. 불 땔 때 나는 연기가 굴뚝을 빠져나가면서 그을려 '검다'는 뜻에서 만들어진 글자이지. 그래서 이 한자는 불을 피우는 곳의 현장이나 굴뚝에 그을음이 점점이 붙어 있는 모습을 형상화한 것이란다. 우리말 검정도 '검다'는 뜻인 '검'과 '정'이 합쳐져 된 글자야.

검정은 석기 시대에 이미 동굴 벽화에서 사용되었어. 원시인들은 나무를 태우고 남은 재나 숯으로 검정을 만들었거든. 고대 이집트에서는 그을음을 아교로 개어 검정을 만들었어. 이 검정은 화려한 채색화에 사용되었지.

고대의 화가들은 스스로 검정을 만들어 그림을 그렸어. 어떤 화가들은 검정을 구하려고 무덤에서 반쯤 타다 남은 해골을 파내었다는구나.

검정을 구하는 것은 어렵지 않았지만 새까만 검정을 얻는 것은 매우 힘들었어. 그래서 화가들은 자기가 원하는 검정을 얻기 위해 수단과 방법을 가리지 않았던 거야.

유럽의 화가 중에 19세기 인상주의 화가들은 검정은 색이 아니라고 주장한 것으로 알려져 있단다. 왜 이들은 이런 주장을 했을까? 인상주의 화가들은 물체의 표면에서 반사된 빛이 만들어내는 한순간의 인상을 화폭에 담아내는 사람들이야. 그런데 검정은 빛이 없는 상태라고 생각하여 색이 아니라고 주장했지. 그래서 검정으로 그림을 그리면 비난을 받았어. 어두운색을 낼 때는 검정 대신 다른 색들을 섞어 만들었지.

하지만 인상주의 화가 중에도 르누아르는 생각이 달랐어.

"뭐, 검정이 색이 아니라고? 무슨 소리야? 검정은 색의 여왕이야."

'인상주의의 아버지'라고 불리던 마네 역시 르누아르와 생각이 같았어. 그는 그림에 검정을 즐겨 사용했지. 후기 인상파의 거장인 고흐도 검정을 잘 쓰는 화가였어. 어느 날 그의 유일한 후원자인 동생 테오가 고흐에게 검정을 써서는 안 된다는 편지를 보내왔어. 그러자 고흐는 동생에게 이렇게 답장했지.

"나는 네 의견에 반대한다. 검정과 하양은 이유가 있고 의미가 있어. 검정과 하양을 무시하면 해결할 수 없는 어려움에 부닥치게 되지."

고흐는 흔히 쓰이는 검정보다 더 진한 검정을 원했어. 그래서 보통 검정보다 더 검은 검정을 만들어 사용했다는구나.

검정은 오랜 옛날부터 죽음의 색, 슬픔을 나타내는 색으로 쓰였어. 그러므로 장례식 때 사람들은 검은색 상복을 입었지. 인류 최초로 검은색 상복을 입은 것은 기원전 323년 알렉산더 대왕이 세상을 떠났을 때부터라고 해. 그런데 서양에서 장례식 때 검은색 상복을 입은 까닭은 죽은 사람의 영혼으로부터 자신을 가리기 위해였다는구나. 죽은 사람의 영혼이 자신을 데려갈까 봐 자기를 몰라보게 하려고 검은색 상복을 입었다는 거야.

이런 풍습은 석기 시대에도 있었어. 원시인들은 장례 때 자기 몸을 새까맣게 칠했다고 해. 백인 원시인들은 그렇게 자신을 감췄고, 흑인 원시인들은 자기 몸을 새하얗게 칠해 자신을 위장했지.

유럽에서 검은색 상복을 널리 입게 된 것은 영국 빅토리아 여왕 때문이라는 이야기도 전해지고 있어. 빅토리아 여왕은 1861년 남편 앨버트 공이 세상을 떠나자, 장례식 때는 물론 죽을 때까지 검은색 상복을 입었대. 여기서 유래하여 장례식 때면 사람들이 검은색 상복을 입게 되었다는 거야.

검은색 상복은 기독교에서 비롯된 풍습이라는 설도 있어. 심판 날 부활할 죽은 사람에게는 하얀색 옷을 입히고, 그를 떠나보내는 사람들은 검은색 옷을 입었다는 거야.

유럽에서 검정은 이미 오래전부터 성직자의 색이었어. 추기경이 빨간색 옷, 주교가 보라색 옷을 입었다면 6세기부터 사제와 수녀들은 검은색 옷을 입었지. 특히 16세기에 종교 개혁을 일으킨 마르틴 루터가 입었던, 장식 없는 검은색 설교복은 시민적 권위의 상징이 되었어. 검정은 누구나 입을 수 있는 색으로, 하느님 앞에서는 가난한 자나 부자나 평등하다는 것을 나타냈지. 그리하여 평범하고 소박한 검은색 옷은 개신교를 상징하는 옷으로 바뀌었단다.

청교도들은 성경 속의 예수의 삶을 본받아 소박하게 살았어. 밝고 화려한 옷을 멀리하고 검은색 옷을 입었어. 남성들은 머리를 짧게 깎고 검은 모자를 썼으며, 검은색 옷을 입었지. 그리고 여자들은 바닥에 닿을 만큼 긴 검은색 드레스를 입었어.

20세기에 들어와 검은색 드레스를 여성들의 평상복으로 자리 잡게 만든 사람은 미국의 패션 디자이너인 샤넬이었어. 그녀는 검은색을 '모든 색을 이기는 절대적인 색'이라고 생각했어. 그래서 1919년 과감하게 검은색의 짧은 원피스를 만들어 여성들이 즐겨 입는 옷으로 유행시킨 거야. 이때부터 검은색 옷은 애도와 슬픔을 나타낸 옷이란 고정관념을 벗어 버리고 가장 이상적인 여성 정장으로 사랑받게 되었단다.

같은 시기에 검정을 이용한 제품이 등장했는데 그것이 바로 헨리 포드가 생산한 '포드 자동차'야. 이 자동차는 대량 생산 방식을 택하여 대중화에 성공했어. 포드는 경건·겸손·근검·성실이라는 개신교의 윤리를 강조하려고 자동차의 색깔로 검은색만을 고집했어. 그리하여 검은색 포드 자동차와 샤넬의 검은색 원피스는 1920년대 대표적인 디자인이 되었단다.

검정은 남성의 힘과 권력을 상징하던 색이었어. 2,300년 전 진나라 시황제는 최초로 중국을 통일했지. 그는 검정을 자신의 색으로 정했는데, 빨간색을 상징하는 주나라를 무너뜨렸기 때문이야. '물을 상징하는 검은색이 불을 상징하는 빨간색을 제압한다.'는 말이 있었거든. 더욱이 검은색은 힘과 권력을 상징했기에 진나라 시황제는 검정을 자신의 색으로 정했지.

중세 독일 사람들은 힘과 권력을 상징하는 색이라고 검정을 매우 좋아했단다. 그들 가운데는 검정을 뜻하는 이름인 '슈바르츠'를 가진 사람들이 많았다고 해. 우리나라의 김씨나 이씨처럼 말이야.

또한 검정은 위협과 공포, 복종을 불러일으키는 색이었어. 이탈리아

의 무솔리니가 1919년 파시스트 운동을 펼칠 때 사용한 색이 검정이었어. 무솔리니는 자신을 따르는 사람들에게 검은색 셔츠를 입혔어. 당시에 검은 셔츠는 농민들의 평상복이었어. 농사를 지을 때 밭에서 검은 셔츠에 검은 바지를 입었거든. 따라서 이들은 파시스트 정당 모임에 검은 셔츠를 입고 참석할 수 있었지. 독일 나치의 친위대나 청소년 조직인 히틀러 유겐트도 검은색 옷을 입었어. 이렇듯 전체주의 세력들이 추종자들에게 검은색 옷을 입힌 것은, 집단의 단결력을 나타내고 사람들에게 위협과 공포, 복종을 강요하기 위해서란다.

    서양 문화에서는 검정을 부정적인 의미로 많이 사용했어. '블랙메일'은 협박이나 사기를 뜻하고, '블랙마켓'은 불법 거래가 이루어지는 암시장을 의미하지. '블랙리스트'는 '감시해야 할 사람들의 명단'인데, 이 말은 영국에서 처음 생겨났어. 1649년 청교도 혁명으로 영국 왕 찰스 1세가 처형을 당하자, 그의 아들 찰스 2세는 1660년 왕위에 올라 아버지의 처형과 관련된 인물들의 명단을 작성했어. 이 명단이 바로 '블랙리스트'야. 블랙리스트에는 58명의 이름이 올랐는데, 13명을 처형하고 25명을 종신형에 처했단다. 한편, 블랙리스트는 영국에서 알코올 중독자가 늘어나 사회 문제가 되자, 이들에게 술을 판매하지 않기 위해 처음 작성되었다는 설이 있어. 알코올 중독자 명단을 적은 블랙리스트를 술집에 보내어 이들에게 술을 팔지 못하게 했다는 거야.

검정이 들어간 또 다른 부정적인 의미의 단어는 음흉하고 부정한 마음인 '흑심', 겉으로 드러나지 않은 음흉한 내막인 '흑막', 근거 없이 상대방을 모략하여 혼란을 일으키는 '흑색 선전' 등이 있단다.

검은 고양이는 악마의 세력과 손잡은 사악한 존재다?

1484년에는 교황 이노센트 3세가 "고양이는 악마와 계약한 이교도 동물"이라는 선언을 했어요. 이때부터 고양이들도 '마녀 사냥'이라는 구실로 수난을 당하기 시작했지요.

중세 유럽에는 고양이가 급속히 불어났어요. 각 도시 뒷골목에는 밤마다 떠돌이 고양이들이 어슬렁거렸어요. 고양이들에게 먹이를 주는 것은 혼자 사는 외로운 할머니들이었지요.

마녀 사냥이 중세 유럽을 휩쓸었을 때 이런 할머니들이 마녀로 몰려 많이 죽었어요. 고양이는 마녀의 친구이자 악마의 부하로 여겨져 함께 처형을 당했지요.

1618년 영국에서는 여성 두 명이 손수건으로 고양이를 쫓았다는 이유로 붙잡혀 고양이와 같이 불에 타 죽었어요. 악마의 부하인 고양이에게 마법의 신호를 보내 의사소통을 했다는 거예요.

1560년대에 영국의 링컨셔에서는 밤에 마녀들이 검은 고양이로 변장하고 다닌다고 믿었어요. 검은 고양이의 모습이 검은색 옷을 푹 뒤집어쓴 마녀처럼 보이게 한 거지요. 프랑스에서도 밤에 검은 고양이와 마주치면 마녀와 마주친 것으로 여길 정도였어요.

이때부터 '길을 가다가 검은 고양이를 보면 불길한 일이 일어날 징조'라는 미신까지 생겼어요. 검은 고양이를 악마의 세력과 손잡은 사악한 존재로 보아, 무슨 재앙을 당할지 모른다고 믿었기 때문이에요.

페스트가 유럽을 휩쓸 때도 고양이들은 떼죽음을 당했어요. 사람들은 악마가 고양이로 변하여 전염병을 퍼뜨린다고 믿었거든요.

중세 말기에 유럽의 여러 나라는 고양이의 씨를 말리려고 했어요. 17세기 초에 프랑스에서는 매달 고양이 수천 마리를 불태워 죽였지요. 이 잔인한 고양이 학살극은 1630년 프랑스 국왕 루이 13세가 금지령을 내림으로써 막을 내렸답니다.

검정을 좋아하는 사람의 성격

검정을 좋아하는 사람은 대인 관계에서 실수가 별로 없어요. 맺고 끊음이 분명하고 남을 다루는 능력이 있지요. 고난을 만나도 절망하지 않고 불굴의 의지로 이를 극복한답니다.

검정을 좋아하는 사람은 자기보다 약한 사람을 헌신적으로 도와줘요. 자기가 인정하는 사람은 끝까지 믿고 따르며 그를 감싸 주지요. 상대를 신뢰하면 의심하는 법이 전혀 없어요.

검정을 좋아하는 사람은 솔직하지 못하고 개인주의적인 성향이 강해요. 몹시 우울한 상태에 빠져들기도 하고, 자기 비하의 감정에 젖어 들 때가 있어요.

검정을 좋아하는 사람은 이성이 없어도 혼자서 잘 지내고, 이성이 필요하다는 생각은 별로 하지 않아요. 하지만 이성과 만나 교제하면 끝까지 믿고 사랑하지요. 함부로 이별을 말하지 않고 상대에게 최선을 다하는 타입이에요.

제11장
초록은 악을 상징하는 색?

 오늘은 '어린이 색깔 교실' 셋째 날입니다. 창희는 아침에 도서관으로 향하며 세라에게 말했습니다.
 "수업이 재미있는데 벌써 마지막 날이네."
 "그러게 말이야. 지난번 '어린이 전염병 교실'이나 '어린이 재난 교실' 때도 그랬지만, 마지막 날이 되면 너무 아쉬워. 한 달 내내 수업을 들으면 참 좋을 텐데……."
 창희와 세라는 도서관에 도착하여 문화 교실로 들어갔습니다. 아이들이 제 자리를 찾아 앉아 왁자지껄 떠들고 있었습니다.
 "지각 대장 연두가 벌써 와 있네? '어린이 색깔 교실' 수업이 재미있는 모양이지?"

창희가 눈을 찡긋하며 인사하자 연두도 지지 않고 말했습니다.

"사돈 남 말 하네. 너는 어째서 지각 한 번 안 하니?"

"그걸 몰라서 묻냐? 내가 워낙 부지런하고 성실하잖니. 그나저나 오늘이 마지막 날이라서 너무 서운하지?"

"그건 그래. 박사님이 색깔에 대해 재미있는 이야기를 많이 들려주셨는데……."

수업 시간에 들어온 김초록 박사도 아이들과 헤어지는 게 아쉬운지 이런 말을 했습니다.

"오늘이 '어린이 색깔 교실' 마지막 날이지? 한 달 내내 수업을 하면 많은 것을 배울 텐데, 우리에게 주어진 시간은 겨우 사흘뿐이다. 그래도 중요한 것은 모두 다루고 있으니 실망하지 마라. 오늘 강의는 초록 이야기로 시작하마. 자연의 색, 초록은 너희들도 좋아하는 색이지?"

김초록 박사는 아이들을 바라보며 온화한 목소리로 이야기를 시작했습니다.

초록은 영어로 '그린'이야. '자라다'라는 뜻을 지닌 앵글로색슨어 'growan'에서 비롯된 말이지. 일본어로 초록을 '미도리'라 하는데, 본래는 색이름이 아니고 어린 새싹이나 파릇파릇한 가지를 뜻하는 단어였다는구나.

초록은 자연의 색이야. 식물 대부분이 초록색이지. 그것은 잎 속에 엽록소를 가진 식물이 초록색을 흡수하지 않고 반사하기 때문에 우리 눈에 초록색으로 보이는 것이야. 엽록소의 색소가 초록빛이기에 필요 없어 반사하는 것이지.

초록은 생명의 색이야. 만물이 소생하는 봄에는 자연이 초록색으로 변하지. 사람들은 그 초록색을 보며 생명력을 느낀단다.

혹시 '그린란드'라는 이름을 들어 봤니? '초록의 나라'라는 뜻을 지닌 세계에서 가장 큰 섬이지. 그런데 이 섬은 이름과는 달리 풀이나 나무가 거의 없고, 영토의 85%가 두꺼운 얼음으로 덮여 있어. 연평균 기온이 영하 20도로 식물이 거의 자랄 수 없는 불모의 땅이지. 그렇다면 왜 이곳에 '그린란드'라는 이름이 붙었을까? 이 섬을 처음 발견한 사람은 노르웨이의 바이킹인 에리크 더 레드였어. 그는 아이슬란드에서 추방되어 이곳에 왔는데, 처음에 이 섬의 이름을 '에리크의 땅'이라고 지었어. 에리크는 사람들을 불러들여 이 섬에서 함께 살고 싶었어. 하지만 이곳이 얼음으로 덮여 있는 곳이란 사실을 알면 아무도 오지 않으려 할 것이기에 그는 섬의 이름을 '초록의 나라'라는 뜻을 지닌 '그린란드'로 바꾸었어. 사람들이 이 섬을 초목이 우거진 땅으로 믿게 하려고 말이야. 이 작전은 성공을 거두어 그는 700여 명과 함께 그린란드로 이주할 수 있었단다.

초록은 마음을 안정시키고 긴장을 풀어 주는 색이야. 혈압을 낮추는 데도 가장 좋은 색이라고 해. 실제로 스트레스 해소, 집중력 강화, 신경과민·신경통·두통 등의 치료에 탁월한 효과가 있다고 하지.

초록은 눈의 피로를 잘 풀어 주는 색이야. 어두운 흑판에 초록색이 더해진 것도 초록색이 눈의 피로를 풀어 주기 때문이지. 옛날에는 연극이 상연되던 극장 휴게실을 '그린 룸'이라고 불렀어. 휴게실이 초록색으로 꾸며졌거든. 연극 공연을 할 때 밝은 무대 조명 탓에 피로해진 배우들의 눈을 쉬게 하고 긴장을 풀어 주려고 휴게실을 초록색으로 꾸몄지.

초록은 안전과 보호를 상징하는 색이야. 교통 신호등에 초록색이 있지? 초록은 편안한 느낌을 주는 색이기에 통과 신호가 되었어. 교통 신호등 색깔이 초록색으로 바뀌면 안전하니 가도 된다는 뜻이지. 건물 비상구에도 초록색으로 된 표지판이 있지? 건물 비상구는 화재·지진 등의 위급한 상황이 발생했을 때 사용하는 출입구야. 그런 상황에서는 전기도 차단되어 실내가 어두컴컴하겠지? 그럴 때 어두운 곳에서 가장 잘 보이는 색이 초록색이니 비상구 표지판을 초록색으로 꾸민 거야.

고대 이집트에서는 초록이 죽음과 부활의 신인 오시리스의 색이었어. 그의 피부색은 초록색이었지. 이집트 사람들은 식물이 봄이면 다시 초록 잎을 틔우는 모습을 보고 식물의 부활과 활력이 초록과 관련이 있다고 생각했어. 그래서 무덤 장식을 초록색으로 꾸몄지. 그들은 초록색이 죽은 사람을 지켜 준다고 믿었어. 그리하여 안료로 쓰이는 초록빛 돌인 공작석으로 풍뎅이 부적을 만들어 무덤 속에 넣었단다. 이 부적은 죽은 사람을 지켜 주고 죽음의 신인 오시리스 앞에서 그를 변호해 주리라 여겼지.

이집트 사람들은 초록색 동물들도 성스럽게 생각했어. 그래서 무덤 속에 악어를 많이 넣었지.

기독교에서는 초록이 성령의 색이었어. 기독교 성화에는 성령이 하얀 비둘기의 모습으로 그려지는데, 이때 배경은 주로 초록색을 사용했어.

매년 3월 17일은 5세기경 아일랜드에 기독교를 들여온 수호성인 성 패트릭을 기념하는 '성 패트릭의 날'이야. 이날에는 아일랜드를 비롯하여

아일랜드 이민자가 많이 사는 미국·캐나다·호주에서 기념 행사가 열린단다. 이날이면 초록색 옷을 입은 사람들이 거리를 행진하며, 강물에 초록색 물감을 타는 이벤트도 벌어지지. 이때 빠짐없이 등장하는 것이 세 잎 클로버의 문양과 대형 그림이야. 성 패트릭은 아일랜드 사람들에게 세 잎 클로버를 가지고 성부·성자·성령의 삼위일체를 설명했다고 해.

초록은 아랍 이슬람 문명에서 가장 성스러운 색이야. 마호메트의 색, 이슬람의 색, 아랍 연맹의 색으로 불리고 있어.

마호메트는 대천사 가브리엘을 만났을 때 초록색 옷을 입고 있었어. 천사의 날개도 초록빛이었지. 초록은 마호메트가 가장 좋아하는 색이었어. 마호메트는 초록색 망토를 걸치고 초록색 터번을 둘렀으며, 초록 깃발을 들고 세계 정복에 나섰어. 이 전통은 마호메트의 후계자들에게 그대로 계승되었지.

이슬람 사람들은 이 세상이 하늘의 옥좌가 새겨진 초록색 에메랄드 산으로 둘러싸여 있다고 생각했어. 그리고 알라신은 초록 새의 모습으로 날아오는 순교자의 영혼을 영생의 초록 정원에서 맞이한다고 믿었지. 이슬람 사람들에게 초록은 사막의 오아시스이며 아름다운 낙원, 에덴 동산, 천국을 상징했어. 실제로 이슬람 사람들은 이슬람 제국을 건설하여 시리아·요르단 사막에 궁전을 지을 때 그 주위에 웅장한 초록 정원을 조성했다는구나.

　오늘날에도 아랍 연맹의 회원국들은 국기에 초록을 사용하지. 그리고 세계 곳곳에 있는 이슬람 사원들은 초록 돔 형태를 띠고 있어. 그것은 초록이 이슬람의 성스러운 색으로 영생의 낙원을 상징하기 때문이란다.

　초록이 이렇듯 이슬람의 가장 사랑받는 색이었으니, 유럽 사람들에게는 어떻게 보였겠니? 초록은 이슬람처럼 두려움을 연상시키는 색, 공포의 색, 용·악마·괴물의 색이 되었어. 서양에서는 용·악마·괴물은 어김없이 초록색으로 묘사된 거야. 요즘도 만화나 영화에 나오는 괴물과 외계인은 몸 빛깔이 대부분 초록색이지.

　그런데 유럽 사람들이 초록색을 악의 상징으로 여기게 된 것은 유럽의 울창한 숲 때문이라는 설도 있어. 초록색은 맹수와 도둑이 우글거리는 숲의 색과 같았거든. 숲은 사람들에게 두려움과 공포감을 안겨 주었고, 그런 경험이 바탕이 되어 초록색은 악을 상징하는 색으로 인식되었지.

　옛날 사람들은 어떻게 초록색을 구했을까? 녹토·공작석·녹청 등을 통해 초록색을 얻었지. 녹토는 초록색 점토가 많이 들어 있는 돌인데, 이 돌을 부수어서 안료로 사용했어. 공작석에 비해 싸서 로마 사람들은 주로 녹토를 사용했지. 폼페이를 비롯한 많은 유적지에서 발굴된 풍경화는 대부분 녹토에서 얻은 초록색으로 착색된 거야. 공작석은 공작새 깃털과 색깔이 비슷한 초록색 돌이야. 이 돌을 부수어서 무화과 즙·송진 등에 섞어 안료를 만들었어. 고대 이집트 화가들은 파피루스 그림이나 벽화 등에 이 초록색 안료를 사용했어. 공작석은 고대 그리스와 중세, 르네상스 시대를 거쳐 18세기 말까지 유럽의 화가들에게 널리 이용되었단다. 중국에서도 공작석은 8세기경 불상에 사용되었지. 녹청은 구리의 표면에 생기는 녹을 긁어서 얻은 초록색이야. 이 색깔은 진하고 아름다웠지만, 검은색으로 변하는 약점이 있었어. 그래서 레오나르도 다빈치는 『회화론』이란 책에서 녹청을 쓰지 말라는 의견을 내놓았단다.

1775년 스웨덴의 화학자 칼 셸레는 화학 실험을 하다가 새로운 초록색 안료를 발명했어. 이 안료가 바로 '셸레 그린'이야. 셸레 그린은 눈부시게 아름다운데다 가격이 매우 쌌어. 당시 화가들에게 큰 인기를 끌었지. 하지만 셸레 그린에는 치명적인 독이 있었어. 비소가 들어 있어 사람들을 죽음에 이르게 한 거야.

세인트헬레나 섬으로 유배되어 살다가 1821년 세상을 떠난 나폴레옹은 비소 중독으로 죽었다는 설도 있어. 2007년 이탈리아의 국립 핵물리학 연구소에서 나폴레옹의 머리카락을 분석했는데, 많은 양의 비소가 검출되었거든. 나폴레옹은 초록색을 아주 좋아하여 자신의 방을 온통 셸레 그린으로 칠했다고 해.

수술복은 왜 초록색일까?

의사들은 진찰실에서 진료를 할 때 흰색 가운을 입어요. 하지만 수술실에서 수술할 때는 초록색 옷을 입지요.

수술복은 왜 초록색일까요?

1920년대에 미국 뉴욕에서 이런 일이 있었어요. 어느 날 한 병원에서 외과 의사가 수술하고 있었어요. 그 의사는 흰색 수술복을 입고 있었지요. 그는 고통스러운 표정을 지으며 이렇게 호소했어요.

"흰색 벽과 흰색 옷에 자꾸 초록색이 보여요."

병원에서는 왜 이런 현상이 일어났는지 조사했어요. 그 결과 잔상 때문이라는 걸 밝혀냈지요. 잔상이란, 어떤 색을 계속 보다가 시선을 돌려 흰색을 보면 그 색과 보색 관계인 색이 보이는 현상을 말해요. 의사는 오랜 시간 수술을 하며 빨간 피를 계속 보다가, 시선을 돌려 흰색을 보니 빨간색의 보색인 초록색이 보였던 거지요.

그 뒤부터 병원에서는 수술복이 흰색에서 초록색으로 바뀌었으며, 수술실의 벽도 흰색에서 초록색으로 바뀌었어요. 그러자 잔상 현상은 깨끗이 사라졌지요. 그리고 의사는 초록색을 통해 눈의 피로를 보호하고 수술에만 집중할 수 있었답니다.

초록을 좋아하는 사람의 성격

초록을 좋아하는 사람은 예의 바르고 성실해요. 모든 일에 신중하며 사려가 깊지요. 모범적인 시민으로서 민주적인 견해를 가지고 있어요. 많은 사람에게 애정을 베풀고, 윗사람에게 총애를 받는 편이지요.

초록을 좋아하는 사람은 함부로 나서는 것을 좋아하지 않아요. 늘 겸손하고 얌전하며 차분한 성격이에요. 사람들과 잘 지내는 편이지만, 필요 이상의 일에 얽매이는 것을 바라지 않아요. 조용한 삶에 잘 어울리지요.

초록을 좋아하는 사람은 한적한 농촌과 평화로운 생활을 좋아해요. 그래서 농부나 환경 운동가들이 많지요. 또한 학구적인 데다 베푸는 것을 좋아해 의사로 성공하는 경우가 많아요.

초록을 좋아하는 사람은 다른 사람을 쉽게 믿으려 들지 않아요. 게다가 감정을 쉽게 표현하지 않아 속을 알 수 없는 사람으로 보이기도 해요. 그리고 질투가 강한 경향이 있어요.

초록을 좋아하는 사람은 겸손하고 참을성이 있어 이성과는 잘 다투지 않고 사이좋게 지내요. 혼자인 경우에는 자신을 이해해 주는 상대를 원한답니다.

제12장
보라는 귀하고 비싼 색?

"초록에 이어 보라로 넘어갈까? 그전에 옛이야기를 하지 않으면 너희들이 서운해하겠지?"

김초록 박사가 이렇게 말하자 아이들은 한목소리로 외쳤습니다.

"그럼요!"

"쉬어가는 셈 치고 보랏빛 꽃을 피운 오동나무 이야기를 들려주마. 일본에서 전해 내려오는 이야기야."

아이들은 초롱초롱한 눈빛으로 김초록 박사를 바라보며 이야기에 귀를 기울였습니다.

일본 야마가다 지방에서는 오랜 옛날부터 전해 내려오는 풍습이 있어. 굴거리나무 가지에 경단(찹쌀, 수수 따위의 가루를 반죽하여 밤톨만 한 크기로 둥글게 빚어, 끓는 물에 삶아 건져 고물을 묻힌 떡)을 꿰어, 정월 보름날 아침에 문 위에 거는 거야.

그런데 이 일을 마치고 나서 아이들이 즐기는 또 다른 풍습이 있단다. 그것은 경단 삶은 물을 들통에 담아 들고 정원이나 과수원을 한 바퀴 도는 거야. 이때는 반드시 도끼를 든 아이가 따라가야 해.

정원이나 과수원에 가서 누구를 만나느냐고? 감나무, 사과나무, 복숭아나무 같은 과실나무야.

나무를 만나러 가서는 반드시 치르는 의식이 있어.

먼저 도끼를 든 아이가 나무 앞에 서. 아이는 도끼로 나무를 찍는 시늉을 하며 이렇게 소리치지.

"열릴 거야, 안 열릴 거야? 안 열리면 도끼로 찍어 버린다."

그러면 들통을 든 아이가 나무를 대신하여 대답해.

"열리겠어요, 열리겠어요."

그러면서 아이는 들통에 담긴 경단 삶은 물을 국자로 떠서 나뭇가지에 부어 준단다.

정월 보름날이면 나무들은 이파리를 모두 떨어뜨린 벌거숭이 몸이지. 찬바람과 싸우며 겨울을 나고 있는데, 이런 과실나무를 윽박지르고 겁주는 까닭은 무엇일까?

그야 뻔하지. 올해는 더 많은 과실이 열렸으면 좋겠다는 바람 때문이야.

그런데 어느 해 정월 보름날에 장난꾸러기 소년들이 과실나무가 아닌 오동나무를 협박한 일이 있었단다.

정원과 과수원을 한 바퀴 돌고 난 아이들은 그냥 헤어지기가 섭섭했나 봐.

"경단 삶은 물이 남았네. 우리 이 물을 다른 나무에 뿌릴까?"

"어느 나무에?"

"저기 길가에 임자 없는 나무가 서 있잖아."

아이가 가리킨 것은 오동나무였어.

"좋아. 남은 물을 모두 뿌려 주자."

아이들은 오동나무로 가까이 다가갔어.

도끼를 든 아이가 키득키득 웃으며 오동나무 앞에 섰어. 아이는 도끼로 나무를 찍는 시늉을 하며 소리쳤어.

"임자 없는 오동나무야! 열릴 거야, 안 열릴 거야? 안 열리면 도끼로 찍어 버린다."

이제는 들통을 든 아이가 경단 삶은 물을 국자로 떠서 나뭇가지에 부으며, "열리겠어요, 열리겠어요." 하고 대답할 차례야.

그런데 아이가 경단 삶은 물을 오동나무에 몽땅 뿌리고 막 입을 열려는 찰나였어. 별안간 오동나무가 입을 열어 이렇게 대답하는 것이었어.

"열리겠어요, 열리겠어요."

두 아이는 기절할 듯이 놀랐어.

"크악! 귀신 붙은 나무다!"

아이들은 도끼와 들통도 내버려 둔 채 달아났지.

아이들은 저마다 집으로 가서 큰 소리로 외쳤어.

"오동나무가 말을 해요! 귀신 붙은 나무예요!"

그러고는 방금 보고 겪은 일을 자세히 이야기했어.

어른들은 아이들의 말을 믿지 않았어.

"이 녀석이 꿈을 꾸다 왔나? 말하는 나무가 어디 있다고 그래?"

"아니에요. 제 두 귀로 똑똑히 들었다니까요."

"듣기 싫어! 또 그런 소리 하면 볼기를 때려 줄 테다."

어른들은 아이들이 장난치는 줄 알고 눈을 부라렸어.

그날은 그렇게 넘어갔지. 그런데 봄이 되자 오동나무가 하늘 무서운 줄 모르고 자라났어. 10m쯤 되는 오동나무가 보랏빛 꽃을 피울 때는 33m가 되어 있었어.

오동나무를 보려고 먼 곳과 가까운 곳에서 사람들이 구름 떼같이 모여들었어.

영주는 오동나무에 대한 소문을 듣고는 시종을 불러 말했어.

"참으로 신비한 오동나무로구나. 사람들이 함부로 만지지 못하도록 주위에 울타리를 쳐라. 그리고 우리 고을이 보호하는 나무라는 팻말을 세워 놓아라."

시종은 영주의 명에 따라 오동나무 주위에 울타리를 치고 팻말을 세웠어.

영주의 궁궐에는 석가산이 있었어. 어느 날 고을에 이런 소문이 퍼졌어.

"영주님의 따님이 석가산에서 노래 모임을 가지신대. 우리 고을에 껑충하게 자란 오동나무의 보랏빛 꽃을 구경하면서 말이야."

"볼만하겠는걸. 우리도 구경하러 가자."

고을 사람들은 소문을 듣고 너도 나도 석가산으로 모여들었지.

그런데 그날 오후였어. 석가산 쪽에서 금빛 종이테이프가 날아오더니 오동나무 줄기에 착 달라붙었어.

때마침 오동나무를 구경하러 왔던 사람들은 종이테이프를 올려다보았어. 종이테이프에는 이런 글이 적혀 있었어.

나는 오동나무!
머리에 비녀를 꽂은 새색시의
아름다운 장롱이 되겠구나.

사람들이 글을 읽고 나자, 보랏빛 꽃이 시들고 오동나무에 넓고 큰 잎이 돋아났어. 그러더니 곧 열매가 떨어졌어. 사람들이 말했어.
"시집가는 새색시의 장롱이 되겠다고 했지? 정말 신기한 오동나무야."
"우리도 열매를 뜰에 심어 오동나무를 가꾸자. 딸아이가 시집갈 때 장롱을 만들어 보내는 거야."

영주는 그날 있었던 일을 전해 듣고 시종을 불러 말했어.

"너는 지금 오동나무에 방을 써 붙여라."

시종은 영주가 명령한 대로 '오동나무는 우리 고을 모든 백성의 것이다. 열매를 하나씩 가져가 자기 집 뜰에 심고, 여자아이가 시집가기 전에는 오동나무를 베지 마라.'라고 방을 써서 붙였어.

이때부터 야마가다 고을에서는 여자아이를 낳으면 오동나무 열매를 심어 시집갈 때 장롱을 만들어주는 풍습이 생겼다고 해.

"아이들이 보통 장난꾸러기가 아니네요. 많은 열매를 맺으라고 과일나무들을 도끼로 협박하다니요."

"장난이 지나쳤어요. 과일나무도 아닌 오동나무를 도끼로 협박하다니요. 오죽 놀랐으면 오동나무가 입을 열어 '열리겠어요, 열리겠어요.'라고 말했을까요."

"착한 오동나무예요. 시집가는 새색시의 장롱이 되겠다고 약속했잖아요."

아이들은 저마다 돌아가며 이야기를 들은 소감을 밝혔습니다. 그때 세라가 물었습니다.

"박사님, 혹시 우리나라에도 일본의 야마가다 고을과 비슷한 풍습이 있나요?"

김초록 박사가 대답했습니다.

"우리나라에도 아기 몫으로 나무를 심는 '내 나무' 풍습이 있었단다. 아기 엄마가 진통을 겪다가 아기를 낳으면, 방 밖에서 초조하게 기다리던 아버지는 아기를 받은 산파에게 물었단다.

'소나무입니까, 오동나무입니까?'

소나무라고 하면 아들, 오동나무라고 하면 딸을 뜻했지. 아들이 태어나면 선산에 소나무를 심고, 딸이 태어나면 텃밭 두렁에 오동나무를 심었거든. 이 나무가 바로 '내 나무'야.

'내 나무'는 그 아이와 운명을 함께했어. 아이가 아프면 어머니는 '내 나무' 앞에 정한수를 떠 놓거나 시루떡을 가져다 놓고 병이 낫기를 밤새도록 빌었어. 만약에 점쟁이에게 아이가 일찍 죽는다는 말을 들으면, '내 나무'에 타래실을 감아 놓고 아이의 장수를 간절히 빌었어. 타래실은 '목숨'을 상징하기 때문이었지. 아들이 자라서 과거 시험을 보러 떠나면 '내 나무'에 관 띠를 두르고 장원 급제를 기원하는 백일기도를 올렸어.

딸이 시집을 가게 되면 '내 나무'를 베어서 장롱을 만들었어. 그리고 딸이 시집갈 무렵에 '내 나무'에 표주박 덩굴을 올려, 표주박으로 술잔을 만들어 혼례식 때 신랑 신부가 입을 대는 술잔으로 사용했단다. '내 나무'는 아들이 늙어 죽으면 베어서 관을 짜서 함께 묻었어. 그리하여 '내 나무'는 그 사람과 운명을 함께하는 동반자가 되었지."

"그랬군요. '내 나무' 풍습은 정말 뜻깊은 풍습이네요."
"하하, 그래. 이야기가 샛길로 빠졌는데, 지금부터 보라에 대해 이야기를 해 볼까?"
김초록 박사는 천천히 이야기를 시작했습니다.

보라는 빨강과 파랑이 합해진 색이야. 따뜻한 색인 빨강과 차가운 색인 파랑을 섞어 얻을 수 있기에, 따뜻함과 차가움, 강인함과 불안함, 감성과 이성 등 양면성을 갖고 있단다. 보라는 화려함·우아함·고상함·풍부함·평온함 등 여러 가지 이미지를 지니고 있어. 따라서 매혹적이고 신비한 색이라 할 수 있지.

보라는 빨강과 파랑이 섞인 농도에 따라 두 가지로 나눌 수 있어. 우리말로는 빨강과 파랑이 합해진 색을 모두 보라라고 하지만, 영어로는 빨강이 더 많이 섞인 퍼플(자주색)과 파랑이 더 많이 섞인 바이올렛(청자색)으로 구분하지. 바이올렛은 영어와 프랑스어로 보라를 뜻하지만, 꽃 이름이기도 해. 우리말로는 제비꽃이지. 보라와 하양이 합해진 연보라도 색이름인 동시에 '라일락'이라는 꽃 이름을 갖고 있단다.

고대의 퍼플은 퍼플달팽이로 만들었어. 기원전 1600년경 페니키아의 도시 티레와 시돈(지금의 레바논 도시 수르와 사이돈)에서는 퍼플을 생산했지. 당시에 생산하고 남은 쓰레기인 달팽이집의 층이 지금도 남아 있다고 해.

퍼플달팽이는 '가시달팽이'라고도 불리는데, 퍼플의 재료는 가시달팽이가 분비하는 무색의 점액이야. 가시달팽이를 그릇에 넣고 썩히면 점액이 나오지. 이 점액을 오랫동안 달이면 노란색으로 변하는데, 이를 햇볕에 말리면 처음엔 초록, 그다음엔 빨강으로, 마지막에는 퍼플로 변한단다. 이것이 바로 보라색 염료야.

퍼플은 햇볕에 충분히 말렸기 때문에 색이 바래지 않아. 고유의 색을 그대로 간직하지. 옛날에 퍼플은 엄청나게 비쌌어. 손수건 한 장 크기로 염색을 하는 데 염료 1g쯤 드는데, 거기에 필요한 가시달팽이는 1만여 마리였어. 요즘 화폐 가치로 따지면 2천만 원쯤 들었다고 하니 어마어마한 비용이지?

페니키아의 도시 티레에서 생산되는 퍼플은 티레의 이름을 따서 '티리언 퍼플'이라고 불리었어. 티리언 퍼플의 가격은 순금의 3배에 이르렀다는구나. 티리언 퍼플은 '임피리얼 퍼플'이라고도 불리었는데, 그 뜻은 '황제의 자주색'이야. 그만큼 성스럽고 고귀한 색으로 황제들의 사랑을 받았지.

보라는 옛날부터 권력의 색으로 유명했어. 그리스 신화에 나오는 신들은 보라색 장삼을 입었고, 고대 이집트의 여왕 클레오파트라도 보라색 옷을 즐겨 입었어. 클레오파트라의 경우에는 이런 이야기가 전해지고 있어.

클레오파트라의 애인이었던 로마 제국의 율리우스 카이사르가 죽고 2년이 지난 뒤의 일이야. 당시 로마 제국의 실력자였던 안토니우스는 옥타비아누스, 레피두스 등과 로마 제국을 공동으로 다스리고 있었어. 이들은 카이사르를 암살한 브루투스, 카시우스 등과 전쟁을 벌여 승리를 거두었지. 그래서 안토니우스는 지중해 동쪽을, 옥타비아누스는 이탈리아와 에스파냐, 레피두스는 아프리카를 차지하게 되었어.

안토니우스는 파르티아(페르시아)를 손아귀에 넣으려고 전쟁 계획을 세웠어.

'전쟁에서 이기려면 군량미가 필요해. 이집트의 클레오파트라에게 도움을 청해야겠다.'

이렇게 생각한 안토니우스는 클레오파트라에게 연락하여 소아시아의 타르수스 항구에서 만나기로 약속했어.

안토니우스는 항구를 향해 다가오는 한 척의 배를 보고 소스라칠 듯이 놀랐어. 그것은 금으로 장식된 호화로운 배였어. 배는 보라색 돛을 달고 있었지. 감미로운 피리 소리에 맞춰 노예들이 은으로 만든 노를 젓고 있었어.

배 안에는 사랑의 신인 큐피드로 분장한 소년들이 타조 깃털로 부채질하는 가운데, 클레오파트라가 쿠션에 비스듬히 누워 있었어. 클레오파트라는 보라색 옷을 입고 있었지.

'오, 내가 지금 꿈을 꾸고 있는 것 같구나. 비너스보다 아름다워.'

안토니우스는 클레오파트라의 호화로운 모습을 넋을 잃고 바라보았어. 그는 클레오파트라에게 첫눈에 반하여 그녀와 결혼하기에 이르렀단다.

클레오파트라는 왜 보라색 돛을 단 배를 타고 보라색 옷을 입은 채 안토니우스를 만났을까? 그것은 보라색을 통하여 그의 마음을 사로잡기 위해서였어. 보라색은 신비로운 느낌을 주며, 사람들의 마음을 편안하게 만들어주거든. 이 작전은 성공을 거두어 클레오파트라는 안토니우스의 마음을 사로잡을 수 있었단다.

클레오파트라는 보라색을 무척이나 좋아했어. 그녀가 입는 옷뿐만 아니라 그녀의 궁전도 온통 보라색으로 칠해져 있었지.

클레오파트라의 애인이었던 로마의 권력자 카이사르 역시 보라색에 매혹되어 보라색 옷만 입었어. 카이사르는 보라색을 자신을 상징하는 색으로 삼아 버려, 다른 사람은 입지 못하게 했단다.

고대 로마가 공화정에서 제정으로 바뀌면서 보라색 옷은 황제의 옷이 되었어. 아무나 입을 수 없고 황제만이 입을 수 있었지. 네로 황제는 보라색 옷을 입은 사람은 사형에 처했단다.

하지만 세월이 흐르면서 보라색 옷은 지위가 높은 장군들이나 귀족들

에게 허용되었어. 전쟁터에서 승리한 장군들은 자주색 망토를 걸친 채 로마로 돌아왔지. 그렇지만 보라색 염료가 어마어마하게 비쌌기에 대중적인 색이 될 수 없었단다.

보라색은 기독교에서도 사용되었어. 초기 기독교 성직자들은 보라색 옷을 입었으며, 가톨릭교회 성직자들은 보라색 수단을 입었지. 기독교 성화에서도 예수는 보라색 옷을 입은 모습으로 그려지는 경우가 많았어.

보라색은 어째서 기독교 성직자들이나 권력자들에게 사랑을 받았을까? 학자들은 보라색이 성스럽고 고귀한 색으로 여겨졌기 때문이라고 말해. 보라색은 하늘을 상징하는 파랑과 인간의 피 색깔인 빨강이 합해진 색이므로, 하늘의 뜻을 인간에게 전하는 성스럽고 고귀한 색으로 인식되었다는 거야. 그러니 지금도 교황을 비롯한 고위 성직자들은 보라색 옷을 입고 있는 거지.

고대 그리스와 페르시아에서는 보라색 염료를, 가시달팽이가 아닌 알카넷으로 만들었어. 알카넷은 지중해 연안에서 야생으로 자라는 풀이야. 그 뿌리를 물의 혼합물이나 알코올에 녹여 사용했지. 염료와 화장품으로 쓰였는데, 고대 로마 시대에 염료로 이용되다가 중세에 와서는 사용하지 않았지. 그 이유는 햇볕과 세탁에 약해 색이 쉽게 바래기 때문이야.

중세에는 대청으로 만든 파랑에 꼭두서니·연지벌레로 만든 빨강을 섞어 보라색 염료를 만들었어. 고대 이집트 시대부터 전해진 방법이었지.

그렇지만 보라는 여전히 귀하고 비싼 색이었어. 근대에 와서도 유럽에서 보라색 옷을 입을 수 있는 계층은 왕과 왕족뿐이었어. 영국의 엘리자베스 여왕 시대에 보라색 옷은 여왕과 여왕의 친척만 입을 수 있었어. 그 대신 공작·백작·후작 등 귀족들만 보라색 망토를 걸칠 수 있었단다.

영국의 빅토리아 여왕 시대에 왕립 화학 대학 학생인 윌리엄 퍼킨이란 젊은이가 있었어. 그는 불과 18세의 어린 학생이었어. 1856년 퍼킨은 이스트런던의 집에서 실험을 하고 있었어. 그 실험은 석탄을 가공 처리하는 중에 나오는 부산물인 콜타르에서 말라리아 치료제인 키니네를 합성하는 것이었어. 콜타르에서는 '아닐린'이란 물질이 나오는데, 아닐린의 분자 구조가 키니네와 닮았거든. 그래서 아닐린에다 다른 물질을 섞는다면 좀 더 값싼 말라리아 치료제 합성물을 만들어낼 수 있으리라 기대했지. 당시에 많은 화학자가 그런 기대를 하고 실험에 몰두했어.

퍼킨도 의욕적으로 실험에 매달렸지만, 키니네를 합성하는 데 실패하고 말았어. 그 대신 그가 갖가지 실험 끝에 분리해낸 물질은 보라색 용액이었어. 거기에 천 조각을 담그자 염색이 이루어졌는데, 며칠이 지나도 색이 전혀 바래지 않았어. 세계 최초로 보라색 합성염료가 발명되는 순간이었어. 퍼킨은 이 합성염료에 보라색 꽃 모브와 자신의 이름을 합쳐

'퍼킨의 모브'라는 이름을 지어 주었지. 퍼킨의 발명 덕분에 사람들은 누구나 보라색 옷을 입게 되었단다. 대량 생산에 들어가 값싸고 질 좋은 염료가 널리 보급되어 보라색은 대중적인 색이 되었거든.

'보라색의 성지'로 불리는 박지도와 반월도

전라남도 신안군에는 섬 전체가 보라색으로 뒤덮인 섬이 있어요. 안좌도에서 퍼플교를 건너가면 사이좋게 붙어 있는 두 개의 섬을 만날 수 있는데, 박지도와 반월도예요.

박지도는 섬 모양이 바가지처럼 생겼고, 반월도는 반달을 닮았어요. 이 두 개의 섬이 '보라색의 성지'로 불리는 것은, 신안군에서 '보랏빛 조성 사업'을 펼쳐 마을 지붕을 비롯하여 섬으로 연결한 다리, 도로, 마을버스, 마을 호텔, 식당, 공중전화 부스, 들판에 심은 식물까지 모두 보라색으로 바꾸었기 때문이에요. 앞으로는 이 섬에 사는 주민들의 옷과 생활 도구 등도 보라색으로 바꿀 거래요.

이렇듯 박지도와 반월도가 색채의 명소로 자리 잡자, 주민 100여 명이 사는 두 개의 섬으로 관광객들이 몰려들고 있어요. 지금은 하루 천 명 이상이 찾아온다고 해요. 이 섬들은 2020년 행정안전부가 선정한 '올해 휴가철 찾아가고 싶은 33섬'에 선정되었어요. 홍콩 유명 여행 잡지인 《유 매거진》과 독일 위성 TV 프로그램에 소개될 정도로 세계적인 관광지로 떠오르고 있어요.

보라를 좋아하는 사람의 성격

보라를 좋아하는 사람은 감성이 뛰어나고 개성이 강해요. 영적인 세계에도 관심이 많아 종교나 예술에 깊이 빠져들지요. 사색에 잠기기를 좋아하여 철학에도 관심을 보여요. 상상력이 풍부하여 남들이 하지 않는 생각을 한다고 해요.

보라를 좋아하는 사람은 크게 두 가지 유형이 있어요. 세상을 등지고 조용히 사는 유형과, 지도자 역할에 만족하며 위엄과 품위를 지키면서 사는 유형이에요.

보라를 좋아하는 사람은 자신의 감정을 잘 드러내지 않고 속으로 간직하는 성격이에요. 자신만의 생각에 빠져 현실과 거리를 두기도 해요. 청개구리 기질도 있어 누군가 지시하는 일에는 일부러 반대 의견을 내놓아 미움을 받기도 하지요.

보라를 좋아하는 사람은 좋아하는 이성이 나타나면 자신의 속마음을 잘 표현하지 못해요. 이성과 사귀는 경우에도 마음에 들지 않는 것을 직접 말하지 못하는 단점이 있어요.

제13장
주황은 네덜란드 국민의 색?

　보라 이야기는 이 정도로 마치고, 다음은 주황 이야기를 해 줄게. 주황(朱黃)은 한자 뜻 그대로 빨강과 노랑을 섞은 색이야. 영어로는 '오렌지'라고 하지. 주황은 과일 오렌지에서 따온 이름이야. 유럽에서는 오렌지가 들어오기 전에는 주황을 가리키는 색 이름이 없었단다. 괴테는 주황을 '노란 빨강'이라고 불렀지. 그리고 말하기를, "힘이 넘치고 건강하지만, 원시적인 사람들이 특히 이 색을 좋아하는 것은 그리 놀라운 일이 아니다. 이 색에 대한 원시 민족들의 각별한 선호가 눈에 띈다. 아이들도 마음대로 색칠하는 시간을 주면 이 색을 많이 쓴다."고 했단다.
　주황색의 오렌지는 인도 남부의 고대 드라비다어에서 유래하는 말로, '향긋하다'는 뜻을 지녔어. 이 말은 산스크리트어로 '나랭'이라 불리었고,

아라비아로 건너와 '나랑'이 되었지. 아라비아에서 오렌지는 십자군 전쟁을 통해 유럽으로 전해졌어. 프랑스에서 재배되면서 오렌지는 프랑스어로 황금을 뜻하는 '오르'와 '나랑'이 합해져 '오랑주'라고 불렸단다. 중국에서는 주황을 오렌지를 뜻하는 '등자색(橙子色)'이라 불렀지.

주황은 불교를 상징하는 색이야. 불교에서는 주황을 깨달음의 색으로 여기고 있어. 석가모니가 주황색 가사를 입었고, 동남아시아의 승려들이 주로 주황색 가사를 입는단다. 그것은 주황색 염료인 사프란을 쉽게 구할 수 있기 때문이지. 티베트 불교의 우두머리인 달라이 라마는 늘 주황색 옷을 입고 있어.

불교의 상징물 가운데 '불교기'가 있는데, 세계 모든 불교 국가와 불교 단체들이 사용하는 깃발이야. 파랑·노랑·빨강·하양·주황 등 다섯 가지 색을 가로와 세로로 배치했어. 각각의 색은 저마다 다른 의미가 담겨 있지. 파랑은 부처님의 검푸른 머리카락을 나타낸 색이야. 마음을 흐트러뜨리지 말고 줄기차게 부처님의 법을 구하며 살아가는 힘을 의미하지. 노랑은 금빛 찬란한 부처님 몸의 색깔로, 변하지 않는 굳은 마음을 뜻한단다. 빨강은 부처님 피의 색깔로, 대자대비의 묘법을 닦아 항상 수도에 힘쓰는 정진을 의미하지.

그리고 하양은 부처님의 치아 색으로, 청순한 마음으로 번뇌를 맑히는 청정을 뜻한단다. 또한 주황은 부처님 가사의 색깔로, 온갖 굴욕과 유

혹을 잘 참고 견디는 인내를 상징하지.

주황은 불교뿐만 아니라 힌두교를 상징하는 색이기도 해. 힌두교에서 주황은 불을 상징하는데, 힌두교 사제와 인도의 왕족·귀족들은 주황색 옷을 입었단다. 힌두교 신자들은 주황색 가루를 얼굴에 바르거나 뿌리며 축제를 즐겼지.

인도에서는 주황이 유럽에서보다 그 범위가 훨씬 넓었어. 유럽 사람들이 노랑이라 부르는 색도 인도에서는 주황이라 여겼지. 우리가 노랑을 공부할 때 노란색을 내는 인디언 옐로에 대해 배웠지? 망고 잎만 먹이고, 마실 물은 거의 주지 않고 키운 염소의 오줌으로 만든다는 안료 말이야. 이 환한 노란색도 인도에서는 밝은 주황으로 보는 거야.

인도에서는 '구운 오커', '시에나의 흙' 등 여러 가지 흙에서도 주황을 만들어 썼어. 하지만 이런 주황은 유럽 사람들에게 갈색으로 보이는 색이었지.

주황색을 내는 가장 중요한 염료는 사프란이야. 사프란은 인도 동부 지방에서 주로 나왔는데, 봄에 피는 크로커스 꽃의 암술을 따서 말려 만들었어. 사프란으로 노랑·주황 등을 얻어냈지. 사프란은 어찌나 비싼지 사프란 30g을 얻으려면 4천 송이의 크로커스 꽃이 필요했어. 따라서 서민들은 사용할 엄두도 못 내고 부자나 귀족들만 사용했단다. 인도에는 서민들이 사용할 수 있는 주황색 염료가 따로 있었어. 그것이 바로 잇꽃

이야. 그나마 값이 싸서 서민들에게 인기가 높았지.

고대 이집트 때부터 사용된 오래된 주황색 염료로는 헤나가 있어. 부처꽃과에 속하는 헤나의 뿌리로 만들었는데, 머리카락과 피부 염색제로 널리 쓰였지. 고대 이집트 옛 무덤에서 발굴된 공주들의 미라도 머리카락이 헤나로 염색되어 있어. 오늘날에도 인도에서는 전통 예식 때 남자들은 헤나로 수염을 염색하고, 여자들은 손발에 아름다운 문신을 그려 넣는단다.

또 다른 주황색 염료로는 봉선화가 있어. 초여름에 봉선화를 손톱에 물들인 적이 있지? 봉선화꽃과 잎을 따서 손톱에 붙이고 헝겊으로 감싼 뒤, 하룻밤 지나서 풀어 보면 주황색으로 물들어 있지. 봉선화 물들이기로 주황색을 얻을 수 있는 것은 꽃·잎·줄기 등에 주황 염료 성분이 들어 있기 때문이야. 봉선화 물들이기 풍습은 우리나라에서 고려 때부터 시작되었는데, 거기에는 이런 이야기가 전해 온단다.

고려 제26대 충선왕이 원나라에 반대하는 개혁을 했다는 이유로 왕위에서 쫓겨나 원나라로 끌려가서 연경에 머물러 있을 때의 일이야.

어느 날 밤 그는 한 소녀가 자신을 위해 가야금을 타는 꿈을 꾸었어. 소녀의 손가락에서는 피가 뚝뚝 떨어졌지. 충선왕은 깜짝 놀라 잠이 깼어.

'참으로 이상한 꿈이네. 이게 무슨 징조지?'

충선왕은 고개를 갸우뚱하며 궁궐 안에 있는 궁녀들을 유심히 살펴보았어. 그런데 궁녀 가운데 한 사람의 손이 이상했어. 열 손가락에 흰 천을 친친 감고 있었던 거야.

"손가락을 다쳤느냐? 어찌하여 흰 천으로 동여맸느냐?"

충선왕이 묻자 궁녀가 대답했어.

"아닙니다. 손톱에 봉선화 물을 들이는 중입니다. 저는 고려를 떠나온 공녀인데, 고향이 그리워서요."

궁녀의 아버지는 충선왕의 개혁 정책을 추진하던 신하였어. 충선왕이 왕위에서 쫓겨난 뒤 그도 벼슬자리에서 물러났고, 그 딸이 공녀로 끌려와 원나라에서 궁녀가 되었던 거야.

궁녀는 자신의 사연을 충선왕에게 들려준 뒤 눈물을 흘렸어. 충선왕은 궁녀의 말을 듣고 감동을 하였지.

'어린 소녀도 고국에 대한 사랑을 잊지 않고 봉선화 물을 들이며 향수를 달래지 않는가. 나도 무기력하게 지내지 말고 고려로 돌아갈 날을 꿈꾸며 하루하루 보람되게 보내야겠다.'

그 뒤 충선왕은 고려로 돌아갈 날을 기다리며 책을 읽고 그림을 그렸어. 그는 원나라 정치에도 참여하여 자기와 가까이 지내던 황족인 바리바드(무종)가 황제의 자리에 오르는 데 공을 세웠단다.

1308년 충렬왕이 죽자 충선왕은 고려로 돌아와 다시 왕위에 올랐어.

그는 문득 원나라에서 만났던 소녀가 생각났어. 그래서 소녀를 고국으로 불러오려고 했지만, 이미 세상을 떠난 뒤였어.

소식을 들은 충선왕은 슬픔에 잠겼어. 소녀의 죽음이 너무도 안타까웠지. 충선왕은 소녀의 넋을 위로하기 위해 궁궐 정원에 봉선화를 심게 했어. 그 뒤로 궁녀들은 봉숭아꽃을 따서 손톱에 물들이기 시작했지. 이때부터 봉선화 물들이기는 전국 방방곡곡에 퍼져 우리 민족의 풍습으로 전해지게 되었단다.

주황색, 즉 오렌지색 하면 머릿속에 떠오르는 나라가 있지? 그래, 네덜란드야. 네덜란드의 축구 국가 대표 팀은 '오렌지 군단'이라 불리지. 오렌지 군단답게 축구팀 선수들의 유니폼 색깔도 오렌지색이야. 네덜란드는 월드컵 대회에서 세 번이나 준우승을 차지한 축구 강국답게 축구 열기가 매우 뜨겁지. 국가 대표 축구 경기가 있는 날은 네덜란드 사람들도 오렌지색 옷을 입고 자기 나라를 응원한단다. 네덜란드 사람들은 네덜란드 국왕이 태어난 날에도 오렌지색 깃발을 흔들며 축제를 벌여. 이날은 오렌지색 옷을 입은 사람들이 거리로 몰려나와 오렌지 음식을 먹는단다. 나라 전체가 오렌지색으로 물드는 거야.

네덜란드는 왜 국민의 색이 오렌지색이라 할 만큼 주황색을 좋아할까? 그 이유를 알려면 네덜란드 독립 전쟁을 벌였던 16세기로 거슬러 올라가야 해. 네덜란드 독립 전쟁을 이끌었던 사람은 프랑스 프로방스 지방에 있던 오랑주 공국의 영주였던 빌럼 1세였어. 그는 네덜란드 왕을 겸했지. 빌럼 1세는 스페인의 지배로부터 벗어나기 위해 발 벗고 나섰다가 목숨을 잃었단다. 끝내 독립을 이룬 네덜란드 사람들은 네덜란드 왕가인 오랑주 가문을 기리기 위해 오렌지색을 네덜란드 국기에 넣었어. 오랑주 가문은 오렌지색을 대대로 가문의 색으로 삼았는데, 오렌지색은 네덜란드를 상징하는 색이 되었어. 전 국민이 사랑하는 색이 되었던 거야. 네덜란드는 오렌지와 아무 상관이 없었어. 오랑주가 오렌지의 보급지가 되면서 오랑주의 영주 빌럼 1세가 네덜란드와 연결되어, 오렌지색의 나라가 되었던 거지.

눈에 잘 띄는 색, 주황

주황은 멀리서도 눈에 잘 띄는 색이에요. 그래서 비상 상황에 대비하여 어두울 때 쉽게 눈에 띄는 색인 주황을 구명조끼, 구조용 튜브·보트 등에 사용하지요.

건설 공사장에서 일하는 근로자들의 안전 조끼, 청소하는 청소부들의 옷도 주황색이에요. 그리고 비행기 추락 사고에 대비하여 비행기 조종 정보를 기록하는 블랙박스도 주황색이에요. 근로자들의 안전 조끼와 청소부들의 옷이 주황색인 것은 안전 문제 때문이고, 비행기 블랙박스가 주황색인 것은 비행기 추락사고 때 쉽게 찾기 위해서예요.

그렇다면 터널 안에 설치한 조명은 왜 주황색일까요? 그것은 밝은 곳에서 어두운 곳으로 들어가면 시야가 잘 보이지 않기에, 어두운 곳에서 가장 멀리 퍼지는 주황색으로 잘 볼 수 있게 도와주기 위해서예요.

주황을 좋아하는 사람의 성격

주황을 좋아하는 사람은 내성적이기보다는 외향적이고 쾌활한 성격이에요. 아주 활동적이고 남들과 어울리는 것을 좋아해요. 사람들과도 금방 친해지며, 주위 사람들에게 인기가 매우 많아요.

주황을 좋아하는 사람은 대부분 심성이 착하고, 공동체 생활을 잘해요. 모든 일에 솔선수범하며 충성심이 강하지요. 디자인 분야에 적성이 있고, 누구나 잘 사귀는 정치가, 목사 등으로 일하는 사람들이 많아요.

주황을 좋아하는 사람은 완고하고 고집이 세며 융통성이 없다는 소리를 자주 듣는 편이에요. 승부 근성이 강하여 자기보다 뛰어난 사람을 보면 꼭 이겨야만 직성이 풀리지요.

주황을 좋아하는 사람은 외톨이로 지내는 것을 싫어하면서도, 결혼하지 않고 혼자 사는 경우가 많아요. 이들 가운데는 독신 남성과 독신 여성이 많이 눈에 띄어요.

제14장
우리나라의 전통 색, 오방색

"자, 이제 '어린이 색깔 교실' 마지막 이야기가 남았구나. 우리나라의 전통 색에 대한 이야기야."

김초록 박사가 이렇게 말하자 아이들은 아쉽다는 표정을 지었습니다.

"벌써요? 그렇게 빨리 수업이 끝나요?"

창희가 항의하듯 말하자 김초록 박사가 웃으며 말했습니다.

"강의가 재미있어서 시간 가는 줄 몰랐나 보지? 이제 25분쯤 남았단다. 마지막 이야기를 마치면 오늘 수업 끝이야."

"그건 아는데요. 이쯤에서 옛이야기 한 토막 해 주셔야 저희가 조금 덜 서운하죠."

"맞아요. 어서 해 주세요."

아이들이 재촉하자 김초록 박사는 고개를 끄덕였습니다.

"원하는 대로 해 주지. 대웅보전을 지은 호랑이와 단청을 하는 새 이야기야."

"감사합니다!"

아이들은 한마디도 놓치지 않겠다는 듯 귀를 쫑긋 세웠습니다.

조선 제16대 인조 때의 일이야. 늙은 주지 스님이 절 입구의 일주문 밖에 서서 누군가를 기다리고 있었어.

해는 이미 서산마루에 걸려 버렸지. 주지 스님 곁에 있던 동자승이 보채듯이 말했어.

"스님, 인제 그만 들어가셔요. 날이 저물고 있지 않습니까? 스님이 기다리시는 목수는 오늘도 오지 않는 듯하니 어서 절로 돌아가 쉬세요. 네, 스님?"

"오냐, 그만 돌아가자."

주지 스님은 말은 이렇게 하면서도 그 자리에 못 박힌 듯 꼼짝 않고 서 있었어. 늦게라도 목수가 오지 않을까 하는 생각을 하는 모양이었어.

스님은 전라도 부안 땅, 변산반도 남쪽 끝에 있는 내소사라는 절의 주지였어.

몇 달 전에 내소사에서는 불행한 일이 일어났어. 불이 나서 대웅보전이 모조리 타 버린 거야. 이에 주지 스님은 부처님에게 정성스레 기도를 드렸어.

"부처님, 대웅보전을 다시 짓겠습니다. 훌륭하게 지으려면 뛰어난 목수가 필요합니다. 저희 절에 목수를 보내 주십시오."

주지 스님이 기도를 시작한 지 백 일째 되는 날 밤이었어. 꿈속에 부처님이 나타나서 말했어.

"일주문 밖에 나가 기다려 보아라. 대웅보전을 지어 줄 목수가 올 것이다."

주지 스님은 이 약속을 믿고 날마다 일주문 밖에 나가 목수를 기다렸어. 그러나 어찌 된 일인지 목수는 열흘이 지나도 나타나지 않았지.

주지 스님이 동자승의 재촉에 못 이겨 절로 돌아온 날 밤이었어. 이번에도 주지 스님의 꿈에 부처님이 나타나서 말했어.

"목수를 기다리느라 고생 많았지? 내일 새벽에 꼭 목수를 보내 주마."

이튿날 새벽, 눈을 뜬 주지 스님은 동자승을 불렀어.

"얘야, 지금 일주문 밖에 손님이 와 있을 것이다. 당장 가서 그분을 모셔 오너라."

"손님이라니요? 목수 말입니까?"

"그래. 얼른 가서 손님의 짐을 받아 오너라."

동자승은 주지 스님의 지시를 받고 일주문 밖으로 나갔어. 과연 일주문 옆 나무 밑에 누워 있는 사람이 있었어. 동자승은 그에게 다가가서 말했어.

"손님, 우리 절을 찾아오셨죠? 주지 스님이 모셔 오라고 해서 제가 이렇게 마중 나왔습니다."

목수는 천천히 일어나 앉았어. 이때 동자승이 손을 내밀었지.

"걸망을 주십시오. 제가 들어 드리지요."

목수는 등에 걸머진 걸망을 벗어 동자승에게 주었어. 동자승은 걸망을 지고 절을 향해 앞장섰어.

"아유, 꽤 무겁네요. 걸망 속에 무엇이 들어 있죠? 연장인가요?"

"……."

"손님은 어디에서 오셨나요? 우리 주지 스님과 잘 아는 사이이신가요?"

"……."

목수는 전혀 말이 없었어. 동자승이 아무리 물어도 한마디 대꾸조차 하지 않았어.

그날부터 목수는 대웅보전을 짓는 일을 시작했어. 제일 먼저 한 일이 기둥, 대들보, 서까래 등에 쓸 나무를 베어 오는 것이었어. 그런데 목수는 절 마당에 나무를 산더미처럼 쌓아 놓고는 목침만 한 크기로 자르기 시작했어. 다섯 달 동안 다른 일은 하지 않고 이 일만 했지.

그러더니 그 뒤부터는 대패를 들어 목침을 다듬기 시작했어. 그 세월이 무려 3년이었어. 동자승은 보다 못해 목수에게 한마디 했어.

"손님, 목침을 만들러 절에 오셨습니까? 그러다가 언제 법당을 짓습니까?"

그러나 목수는 아무 대답이 없었어. 동자승은 아주 기분이 나빴지.

'뭐 저런 사람이 다 있어? 혹시 미친 게 아니야.'

동자승은 목수를 골려 주기로 했어. 그래서 목수가 자리를 비운 사이 목침 하나를 감춰 버린 거야.

며칠 뒤, 동자승은 목수를 보고 깜짝 놀랐어. 목수는 절을 떠나려는지 걸망을 등에 걸머진 채 주지 스님에게 절을 하는 것이었어.

"스님, 저는 법당을 짓는 일과는 인연이 없는 듯합니다. 이 일을 그만두겠습니다."

"아니, 갑자기 그게 무슨 말이오? 3년 넘게 이 일을 하다가……."

"3년 동안 목침을 대패로 다듬어 왔습니다. 그런데 제 일에 소홀하여 목침 하나를 잃어버렸습니다. 이렇듯 부족한 제가 어찌 법당을 지을 수 있겠습니까?"

주지 스님이 말했어.

"목침 하나쯤 없어진 걸 가지고 뭘 그러시오? 그냥 그대로 법당을 지어 주시오."

주지 스님은 떠나겠다는 목수를 간신히 달래어 계속 일을 하게 했어.

동자승은 이번 일로 소스라치게 놀랐지.

'보통 목수가 아니네. 저렇게 많은 목침이 있는데, 하나가 없어진 것을 어떻게 알았지? 그 많은 것을 일일이 세어 봤을 리는 없고…….'

동자승은 자신이 목침 하나를 감췄다고 털어놓으려다가 그만두었어. 이 사실을 알면 주지 스님에게 엄청나게 혼날 것 같아서였어.

목수는 이튿날부터 대웅보전을 짓기 시작했어. 목침을 쌓기만 하는데도 어느새 훌륭한 건물이 세워졌어.

목수는 대웅보전에 단청을 하려고 화공을 절로 불렀어.

이때 주지 스님이 다른 스님들을 모아 놓고 말했어.

"법당에 단청을 하는 동안 그 누구도 안을 들여다보면 안 된다."

화공은 법당 안에 틀어박혀 단청을 시작했어. 그런데 그는 밥도 먹지 않고 뒷간에도 가지 않는지, 한 달 두 달이 지나도 법당에서 나오지 않았어.

호기심 많은 동자승은 궁금하여 견딜 수가 없었어.

'화공이 사람이야, 귀신이야? 어째서 코빼기도 안 보이지? 법당 안에는 어떤 그림이 그려졌을까?'

동자승은 아무도 모르게 슬쩍 안을 엿보기로 했어. 그래서 주지 스님과 목수가 번갈아 지키는 법당 앞을 어슬렁거리며 기회를 노렸어. 하지만 주지 스님이나 목수나 잠시도 자리를 뜨지 않았지.

'할 수 없다. 거짓말을 하여 자리를 뜨게 하는 수밖에……'

동자승은 목수가 법당 앞을 지킬 때 슬그머니 다가가서 말했어.

"주지 스님께서 찾으시는데요."

목수는 동자승의 말만 믿고 법당 앞을 떠났어. 그러자 동자승은 재빨리 법당 문을 열고 안을 들여다보았어. 순간, 동자승은 눈이 휘둥그레졌어. 법당 안에 있는 것은 화공이 아니라 오색찬란한 새였어. 이 새는 입에 붓을 물고 날개에 물감을 묻혀 단청 그림을 그리고 있었던 거야.

바로 그때 호랑이 울음소리가 절을 뒤흔들었어. 그러자 법당 안에 있던 새가 놀라서 열린 문으로 잽싸게 푸드덕 날아가 버렸어.

놀란 동자승은 한순간 정신을 잃고 쓰러졌어.

그가 정신을 차렸을 때 주지 스님의 말소리가 들려왔어.

"대호 선사여, 이렇게 허망하게 떠나 버리면 어찌하오? 그대가 불 지른 법당이 그대의 손으로 다시 지어졌소. 이 대웅보전은 길이길이 남을 것이오."

동자승이 내다보니 법당 앞에는 큰 호랑이가 쓰러져 죽어 있었단다.

주지 스님은 동자승을 데리고 어디론가 자취를 감추었어. 그 뒤 두 사람을 본 사람은 아무도 없었어.

내소사에서는 대웅보전을 다시 지은 목수가 사람으로 변신한 호랑이

(대호 선사)였고, 대웅보전에 벽화를 그린 새가 관세음보살의 화신이었다고 전해지고 있단다.

"흥미진진한 이야기 잘 들었어요. 박사님, 단청이 뭐예요? 그림을 그리는 일인가요?"
김초록 박사가 이야기를 마치자, 동배가 질문했습니다.
김초록 박사가 대답했습니다.
"단청(丹靑)은 '붉을 단(丹)'에 '푸를 청(靑)', 말 그대로 붉고 푸르게 절·궁궐·서원·향교·객사·성문·누각·정자 등의 목조 건축물에 색을 칠하는 것을 말하지. 파랑·빨강·노랑·하양·검정의 다섯 가지 색, 즉 오방색을 주로 사용하여 여러 가지 무늬나 그림을 그려 넣는 것이란다. 단청을 하는 이유는 두 가지야. 첫째는 건물을, 아름다우면서도 장엄하게 보여 주기 위해서야. 그리고 둘째는 건축물의 주재료인 나무를 해충이나 자연 재해로부터 보호하기 위해서지. 단청은 나무에 벌레가 끼거나, 나무가 썩거나 갈라지는 것을 막아 주거든."
잠자코 듣고 있던 연두가 입을 열었습니다.
"박사님, 파랑·빨강·노랑·하양·검정의 다섯 가지 색을 오방색이라고 하셨죠? 오방색은 정확히 어떤 색이에요? 왜 오방색이라고 하죠?"

"좋은 질문이다. 그렇지 않아도 오방색에 대해 말하려던 참이었어. 먼저 오방에 대해 알아볼까? 오방은 이름 그대로 다섯 방향을 의미하지. 동, 서, 남, 북, 중앙이야. 이 다섯 방향은 저마다 색깔이 정해져 있단다. 동쪽은 파랑, 서쪽은 하양, 남쪽은 빨강, 북쪽은 검정, 중앙은 노랑이야. 이렇게 다섯 가지 색을 '오방색'이라고 하지. 그런데 우리 민족은 이 오방색을 음양오행설에 따라 설명하고 있단다. 너희들에게는 좀 어려운 이야기지만 잘 들어 볼래?"

"예!"

"음양오행설은 우주가 어떻게 만들어졌는지 그 이치를 설명하는 원리야. 이것은 중국을 중심으로 하는 한자 문화권 국가에서 비롯된 사상이지. 그에 따르면, 이 세상에 있는 모든 존재는 따뜻한 기운인 '양'과 차가운 기운인 '음'에 의해 생겨나고 사라진다고 해. 이 음양의 조화로 생겨난 것이 나무(木)·불(火)·흙(土)·쇠(金)·물(水) 등 다섯 가지 물질이야. 이것이 '오행'이지. 오방색은 음양오행설에 따라 방위와 상징을 나타낸단다. 동쪽은 해가 솟는 곳으로 나무가 많아 늘 푸르기에 파랑이지. 서쪽은 쇠가 많다고 여겨 쇠의 색깔이 희니 하양이고, 남쪽은 언제나 해가 이글거려 빨강이야. 북쪽은 깊은 골이 있어 물이 있다고 생각해, 이를 검게 보아 검정이지. 또한 중앙은 땅의 중심으로 해와 가장 가까운 곳이라고 여겨 광명을 뜻하는 노랑이란다.

우리 민족은 오랜 옛날부터 음양오행설에 따라 일상 생활에서 오방색을 널리 사용했어. 전통 혼례를 보더라도 혼례복은 파랑과 빨강을 기본색으로 했는데, 이는 음과 양, 남자와 여자를 상징했지. 그리고 섣달그믐날에 어린이에게 입히는 색동옷은 오방색으로 물들여 나쁜 기운을 막고 무병장수를 기원했어. 우리 민족은 음식을 만들 때도 음양오행설에 따라 오방색의 조화를 이루었지. 오방색을 지닌 재료들이 음식에 골고루 담기도록 요리한 거야. 탕평채·오신채·오색 고명 등이 오방색의 조화를 이룬 대표적인 음식이야. 그밖에 앞서 이야기했던 절·궁궐 등의 단청, 조각보, 깃발, 댕기, 복주머니, 부적, 민화 등에서도 오방색을 쉽게 찾아볼 수 있단다."

창희가 물었습니다.

"오방색에 관해 설명해 주셨는데요. 옛날 사람들은 이 색깔들을 어떻게 얻었어요?"

"그야 염색을 통해 얻었지. 염색은 염료를 써서 옷감 등에 물을 들이는 것을 말해. 자연에서 채취한 식물·동물·광물 염료를 이용하여 자연의 색상을 옷감에 옮기는 거지. 식물 염료는 식물의 잎·꽃·줄기·열매·뿌리 등에서 얻은 것이고, 동물 염료는 동물의 피·즙·조개 분비물·식물에서 기생하는 벌레 등에서 얻은 것이야. 그리고 광물 염료는 황토·적토·흑토 등에서 얻은 것이지. 우리 민족이 가장

많이 사용한 염료는 식물 염료야. 식물의 잎·꽃·줄기·열매·뿌리 등은 우리 주위에서 쉽게 구할 수 있기에 염료를 채취해서 사용했지. 염료로 쓰이는 식물은 50여 종에 이르는데, 색상별로 다양한 식물을 이용했어. 파랑 물을 들일 때는 쪽풀·닭의장풀(계장초)·소방목, 노랑 물을 들일 때는 치자나무·회화나무·물푸레나무·황백나무·제비꽃·홍화·금잔화·울금나무·메밀·양파, 빨강 물을 들일 때는 꼭두서니·홍화·소방목·봉선화·소목·호장근, 초록 물을 들일 때는 단풍나무·갈매나무·괴화·밤나무·황백, 자색 물을 들일 때는 동백·포도·소목·감·붉나무·자초, 갈색 물을 들일 때는 메밀·호두나무·상수리나무·소목·뽕나무·대추나무, 검정 물을 들일 때는 석류나무·계수나무·양매·개옻나무·밤나무, 회색 물을 들일 때는 붓꽃·개옻나무·철쭉나무·배나무·은행나무·생강나무·철쭉나무·진달래 등을 이용했어.

염색할 때 염료만으로 색이 물들지 않는 경우도 있는데, 그럴 때는 염색이 잘되도록 매염제를 사용했어. 잿물·꼬막이나 굴 껍데기로 만든 석회·명반·식초 등이 그것이야.

우리나라에서는 삼한 시대부터 쪽풀을 염료로 사용했어. 변한·진한에서는 옷감을 짜서 청색 옷을 지어 입었지. 삼국 시대에는 염색 기술이 더욱 발전했어. 고구려 벽화에 그려진 인물들을 보면 청색·황색·홍색·녹색 등 다양한 색의 옷을 입고 있거든. 또한 신라에서는 품계에 따라 자색·비색·청색·황색의 옷을 입게 했고, 백제에서는 16품의 품계를 관복과 띠의 색깔로 구별했지.

고려 시대에는 삼국 시대의 염색 기술을 이어받아, 염직물을 사영 공장과 관영 공장에서 생산했어. 그리고 염색을 담당하는 도염서를 두었지. 조선 시대에는 서울에 경공장을 두어 염직물을 생산했단다."

김초록 박사는 교실 벽에 걸린 시계를 흘긋 보더니, 이야기를 멈추었습니다. 그러고는 다시 입을 열었습니다.

"시간이 다 되었구나. 오늘 수업은 여기까지야. '어린이 색깔 교실' 모든 수업이 끝났다. 3일 동안 한 사람도 빠짐없이 나와 줘서 너무너무 고마워."

아이들은 벌써 수업이 끝났느냐는 듯 눈을 동그랗게 떴습니다.

"수업 시간이 너무 짧아요. 2시간이 아니라 20시간은 되어야 하는데요."

창희는 섭섭하고 서운하다는 표정을 지었습니다.

김초록 박사가 껄껄 웃었습니다.

"하하하, 20시간이 아니라 200시간이 어떻겠니? 아무튼 내 강의를 재미있게 들어줘서 고맙다. 다음에 또 '어린이 색깔 교실'을 열어 너희들을 만나고 싶구나."

"그래요. 다음 방학에 꼭 다시 오세요."

아이들은 김초록 박사와 아쉬운 작별의 정을 나누었습니다.

교실 문을 나설 때 세라가 창희에게 물었습니다.

"오빠, 이담에 커서 박사님처럼 색깔을 연구하는 학자가 되고 싶지?"

"와, 족집게네. 그걸 어떻게 알았니?"

"오빠는 전염병 교실에서는 전염병을 연구하는 학자, 재난 교실에서는 재난을 연구하는 학자가 되고 싶다고 했잖아."

"내가 그랬나? 다 잊어버렸는데."

창희는 멋쩍은 듯 뒤통수를 긁적거렸습니다.

그때 세라가 말했습니다.

"색깔을 진짜 연구하고 싶은 사람은 오빠가 아니라 나야. 두고 봐. 세계 최고의 색채학자가 될 거야."

세라는 자신의 꿈을 반드시 이루겠다는 각오로 입술을 깨물었습니다.

"네게 정말 꿈이 생겼구나. 하나밖에 없는 이 오빠가 너를 응원하마. 진짜야."

도서관 문을 나서며 창희는 세라의 어깨를 토닥거렸습니다.

어린이들이 입는 색동옷

색동옷은 옷소매 부분에 여러 가지 색의 천을 이어 붙여 만든 옷이에요. 돌부터 6, 7세까지의 어린이들이 많이 입었지요.

색동옷의 유래에 대해서는 몇 가지 설이 있어요.

첫째는, 음양오행설에 따라 액땜을 하고 복을 받기 위해 다섯 가지 색을 넣어 색동으로 옷을 만들어 입혔다는 설이에요. 오행을 색으로 표시하면 목(木)은 동쪽으로 파랑, 화(火)는 남쪽으로 빨강, 토(土)는 중앙으로 노랑, 금(金)은 서쪽으로 하양, 수(水)는 북쪽으로 검정이에요. 여기서 음의 빛깔인 검정 대신 초록을 넣어, 파랑·빨강·노랑·하양·초록을 고르게 섞어 옷을 지은 것이에요.

둘째는, 옷을 짓고 남은 여러 색의 비단 조각을 버리지 않고 모아 두었다가, 그것들을 이어 붙여 옷을 만들어 입혔다는 설이에요.

셋째는, 결혼한 스님들이 자기 자녀를 다른 사람의 자녀와 구별하기 위해 색동으로 옷을 만들어 입혔다는 설이에요.

색동옷은 색동저고리·색동마고자·색동두루마기 등 다양하게 만들어졌어요. 특히 '까치설날'이라고 불리는 섣달그믐날 많이 입어 까치저고리·까치두루마기 등으로도 일컬어졌어요.

색동옷은 고려 때 생겼다고 하는데, 궁중에서는 4월 초파일에 어린 왕자에게 색동두루마기를 지어 입혔다고 해요.

색동옷은 남자아이 여자아이 구분 없이 돌이나 명절에 많이 입었어요. 요즘은 어린이뿐만 아니라 어른도 색동옷을 많이 입고 있어요. 색동은 소매 부분에 주로 쓰는데, 섶에다 사용하는 경우도 있답니다.

관복은 품계에 따라 색이나 모양이 달랐다?

조선 시대에 관리가 입는 옷인 관복은 조복·제복·공복·상복 등이 있었어요. 그리고 일반적으로 관복은 머리에 쓰는 모자인 사모(紗帽), 집무복으로 입는 옷인 단령(團領), 관리의 품계를 나타내는 헝겊 조각인 흉배(가슴과 등에 붙임), 허리끈인 대(帶), 가죽신발인 목화(木靴) 등을 갖추어 입었어요.

관복은 품계에 따라 색이나 모양이 달랐어요. 관복의 색은 조복이 적색, 제복이 청색이었지요. 공복은 당상관인 정3품 이상은 홍색, 종3품에서 6품까지는 청색, 7품에서 9품까지는 녹색이었지요. 또한 상복도 공복과 마찬가지로 품계에 따라 홍색·청색·녹색의 포를 입었어요.

사모와 흉배와 대도 품계에 따라 구분했어요. 사모는 당상관인 정3품 이상은 협각사모, 4~9품은 단각사모를 썼으며, 흉배는 옷과 같은 색을 넣었어요. 흉배의 무늬로 품계를 구별하여 문관 1품은 공작, 문관 2품은 운학, 대사헌은 해태, 당상 3품은 백한, 무관 1·2품은 호표, 무관 당상 3품은 웅비로 했어요. 그 뒤 세월이 지나서 문관 당상관은 학 두 마리가 쌍을 이루는 쌍학, 문관 당하관은 학 한 마리인 단학, 무관 당상관은 호랑이 두 마리가 쌍을 이루는 쌍호, 무관 당하관은 호랑이 한 마리인 단호로 했답니다.

대는 1품이 서대, 정2품은 삽금대, 종2품은 소금대 혹은 여지금대, 정3품은 삽은대, 종3-4품은 소은대, 5-9품은 각대를 썼어요.

　조복은 조선 시대 관복 가운데 가장 화려한 옷이에요. 정월 초하루와 동지 또는 경축일이나 조칙을 반포할 때, 상소를 올릴 때 입었어요. 보통 금관이라고 하는 금량관을 썼기 때문에 '금관조복'이라고도 해요.

　제복은 제사 드릴 때 입는 옷이에요. 왕이 종묘와 사직에 제사 드릴 때 관리들은 이 옷을 입었어요. 1416년(태종 16년) 11월 태종이 문무백관을 거느리고 명제에 대한 망궐하례(望闕賀禮)를 할 때 처음으로 관리들이 제복을 입었다고 해요. 조복이 화려한 데 비해 제복은 검소하고 고상한 편이에요.

　공복은 관리들이 조정에 나갈 때 입는 옷이에요. 조현(朝見)·사은·사퇴 등으로 임금을 뵈올 때나 매달 초하루와 보름의 조하(朝賀) 때 입었지요. 머리에는 복두를 쓰고 포에 대를 띠며, 흑피화(黑皮靴)를 신고, 조회할 때 손에 드는 홀(笏)을 들었어요.

　상복은 관리들이 평상시 근무하면서 입는 옷이에요. 삼국 시대나 고려 시대에도 일상적인 업무를 볼 때 입는 옷이 있었어요. 그러나 조선에 와서야 의례의 성격에 따라 입는 옷을 달리하고 그것을 제도화했지요. 그전에는 관복이 한 가지만으로 조복·제복·공복·상복의 역할을 다했으리라 추정하고 있어요.

　1894년 갑오경장 이후 관복은 간소화가 이루어졌고, 1895년 '육군 복장 규칙'을 정하여 구군복이 구미식 군복으로 바뀌었으며, 1900년 '문관 대례복제식'을 마련하여 구미식 관복으로 바뀌었답니다.

[참고 문헌]

〈가장 인간적인 것들의 역사〉, 율리우스 립스 지음, 황소연 옮김, 지식경영사, 2004
〈검은 천사 하얀 천사〉, 김융희, 시공사, 2005
〈고바우의 유식한 잡학 왜?〉, 김성환, 아라, 2013
〈고수레 전설〉, 정호원 편, 한국학술정보(주), 2009
〈과학 교사 최원석의 과학은 놀이다〉, 최원석, 궁리, 2014
〈과학 선생님도 궁금한 101가지 과학 질문 사전〉, 의정부 과학 교사 모임, 북멘토, 2010
〈교양으로 읽는 세계사 에피소드〉, 김영진, 문예마당, 2011
〈국기에 그려진 세계사〉, 김유석, 틈새책방, 2017
〈국학〉, 신근식, 책과나무, 2015
〈꿈꾸는 동자〉(일본 민화집 2), 김인한 편역, 창작과비평사, 2001
〈나의 서양사 편력〉 1-2, 박상익, 푸른역사, 2014
〈노회찬과 함께 읽는 조선왕조실록〉, 노회찬, 일빛, 2004
〈논설위원 에드 조티의 찢어진 백과사전〉, 에드 조티 지음, 문은실 옮김, 보누스, 2005
〈늑대는 어떻게 개가 되었나〉, 강석기, MID, 2014
〈대한의 상징, 태극기〉, 조원교·서윤희, 국립중앙박물관, 2008
〈THE COLOR—세계를 물들인 색〉, 안느 바리숑 지음, 채아인 옮김, 이종, 2012
〈단어 따라 어원 따라 세계 문화 산책〉, 이재명·정문훈, 미래의창, 2016
〈단어로 읽는 5분 세계사〉, 정한업, 글담출판, 2016
〈도시 속 컬러를 읽다〉, 박명환, 길벗, 2014
〈동에 번쩍 서에 번쩍 세계 지리 이야기〉, 조지욱, 사계절, 2012
〈돼지에게 살해된 왕〉, 미셸 파스투로 지음, 주나미 옮김, 오롯, 2018
〈뒷간에서 주웠어, 뭘?〉, 꿈꾸는과학, 열린과학, 2007
〈디비딕닷컴 상식 사전, 너 이거 아니?〉, 디비딕닷컴 네티즌 엮음, 이지북, 2002
〈명화들이 말해 주는 그림 서양 생활사〉, 김복래, 제이앤제이제이, 2016
〈모자이크 세계 지리〉, 이우평, 현암사, 2011
〈모험과 교류의 문명사〉, 주경철, 산처럼, 2015
〈문명을 담은 팔레트〉, 남궁산, 창비, 2017
〈물건으로 읽는 세계사〉, 마야자키 마사카츠 지음, 박현아 옮김, 현대지성, 2018
〈미식 사전〉, 박진환, 한국외식정보, 2018
〈미신 사전〉, 발터 게를라흐 지음, 정명순 옮김, 을유문화사, 2009
〈밤에 먹으면 살찌는 이유〉, 과학동아 편집실 지음, 신광복 엮음, 성우, 2003
〈밤하늘이 어두운 이유〉, 과학동아 편집실 지음, 신광복 엮음, 성우, 2003
〈방구석 박물관〉, 제임스 M. 러셀 지음, 안희정 옮김, 북트리거, 2019

〈백마 탄 왕자들은 왜 그렇게 떠돌아다닐까〉, 박신영, 페이퍼로드, 2013
〈보석 천 개의 유혹〉, 에이자 레이든 지음, 이가영 옮김, 다른, 2016
〈보이는 경제 세계사〉, 오형규, 글담출판, 2018
〈볼펜똥이 생기는 이유〉, 과학동아 편집실 지음, 신광복 엮음, 성우, 2003
〈북극곰이 흰색인 이유〉, 과학동아 편집실 지음, 신광복 엮음, 성우, 2003
〈북유럽 이야기〉, 김민주, 미래의창, 2014
〈블랙패션의 문화사〉, 존 하비 지음, 최성숙 옮김, 심산, 2008
〈B급 세계사〉 1-2, 김상훈, 행복한작업실, 2018
〈B급 한국사〉, 김상훈, 행복한작업실, 2019
〈빨강〉, 김융희, 시공사, 2005
〈상상 밖의 한국사〉, 김정현, 북팜, 2013
〈상식으로 꼭 알아야 할 세계 지도 지리 이야기〉, 디딤 편저, 삼양미디어, 2011
〈상식의 거짓말〉, 상식의 거짓말 연구회 엮음, 박현석 옮김, 새론북스, 2007
〈상식의 반전 101〉, 김규회, 끌리는책, 2012
〈색깔의 수수께끼〉, 서프라이즈 정보 지음, 김민경·한은미 편역, 비채, 2006
〈색깔이 속삭이는 그림〉, 최영주, 아트북스, 2008
〈색다른 색 이야기〉, 메리 램버트 지음, 유영석 옮김, 나들목, 2003
〈색을 불러낸 사람들〉, 문은배, 안그라픽스, 2019
〈색의 비밀〉, 노무라 준이치 지음, 김 미지자 옮김, 국제, 2005
〈색의 유혹〉1-2, 에바 헬러 지음, 이영희 옮김, 예담, 2002
〈색의 유혹—색채 심리와 컬러 마케팅〉, 오수연, 살림, 2004
〈색의 이론과 실제〉, 조동제·김주야·신소영 편역, 학문사, 2001
〈색의 인문학〉, 성기혁, 교학사, 2016
〈색의 힘〉, 하랄드 브램 지음, 이재만 옮김, 일진사, 2010
〈색채 심리〉, 파버·비렌 지음, 김화중 옮김, 동국출판사, 2003
〈색채의 마력〉, 하마모토 다카시·미토 마사히로 엮고 씀, 이동민 옮김, 아트북스, 2007
〈색채의 상징, 색채의 심리〉, 박영수, 살림, 2003
〈색채의 연상〉, 조영수, 시루, 2017
〈색채의 이해와 활용〉, 문은배, 안그라픽스, 2005
〈생활 속의 색채〉, 김정근, 울산대학교출판부, 2017
〈서프라이즈〉, 박광규 엮음, 미토스북스, 2005
〈서프라이즈〉(우리나라편), MBC '신비한 TV 서프라이즈' 제작팀, MBC C&I, 2016
〈선비와 피어싱〉, 조희진, 동아시아, 2003
〈선인들이 남겨 놓은 삶의 흔적들〉, 허균, 다른세상, 2004
〈세계사 오류 사전〉, 조병일·이종완·남수진, 연암서가, 2010

〈세계 명작 속에 숨어 있는 과학〉, 최원석, 살림, 2006
〈세계사 지식 in 사전〉, 조병일·이종완, 연암서가, 2011
〈세계 역사, 숨겨진 비밀을 밝히다〉, 장장년·장영진 편저, 김숙향 옮김, 눈과마음, 2007
〈세상을 담은 밥 한 그릇〉, 주영하·송기호·문성희·이명원·박성준·정대영·김은진, 궁리, 2013
〈세상을 보는 방식에 대한 보다의 심리학〉, 나카야 요헤이, 후지모토 고이치 편저, 김정운 편역, 21세기북스, 2014
〈세상의 모든 지식〉, 김홍식, 서해문집, 2015
〈소소한 것들에 담긴 색 이야기〉, 김지은·윤수인·이용희·한정민·이윤경·강혜승, 도서출판 청람, 2014
〈숨겨진 보물 사라진 도시〉, 질케 브리 지음, 김경연 옮김, 현암사, 2019
〈스캔들 세계사〉 2, 이주은, 파피에, 2014
〈시시콜콜 네덜란드 이야기〉, 벤 코츠 지음, 임소연 옮김, 미래의창, 2016
〈시시콜콜 Science Book〉, 믹 오헤어 엮음, 장석봉·김대연 옮김, 이마고, 2008
〈신비로운 색 이야기〉, 채희석·김윤희, 예서원, 2008
〈신화를 알면 역사가 보인다〉, 최희성 엮음, 아이템비즈, 2019
〈신화 속 상상 동물 열전〉, 윤영수, 한국문화재단, 2010
〈아, 그게!〉 1, 엔사이클로넷, 보누스, 2004
〈아, 그게!〉 2, 베른트 하르더 지음, 도복선·류경은 옮김, 보누스, 2010
〈아는 만큼 똑똑해지는 자연 과학 상식 사전〉, 에드 조티 지음, 문은실 옮김, 보누스, 2007
〈아트 인문학〉, 김태진, 카시오페아, 2017
〈아프리카에는 아프리카가 없다〉, 윤상욱, 시공사, 2012
〈알쏭달쏭한 절대 상식〉, 이광호, 미네르바, 2008
〈알아두면 쓸데 있는 유쾌한 상식 사전〉(언어·예술편), 조홍석, 트레이목마, 2019
〈알아두면 쓸데 있는 유쾌한 상식 사전〉(일상생활편), 조홍석, 트레이목마, 2018
〈어떤 색이 좋을까?〉, I. R. I 색채 연구소, 영진닷컴, 2003
〈에피소드 세계사〉 상·하, 표학렬, 앨피, 2016
〈역사 미셀러니 사전〉, 앤털 패러디 지음, 강미경 옮김, 보누스, 2006
〈예술을 뒤바꾼 아이디어 100〉, 마이클 버드 지음, 김호경 옮김, 시드포스트, 2014
〈옛날에도 변호사가 있었나요?〉, 민병덕, 책이있는마을, 2007
〈옷 입은 사람 이야기〉, 이민정, 바다출판사, 2013
〈옷장 속의 세계사〉, 이영숙, 창비, 2013
〈우리가 몰랐던 조선〉, 장학근, 플래닛미디어, 2010
〈우리 문화 길라잡이〉, 국립국어연구원, 학고재, 2002
〈우리 문화의 수수께끼〉, 주강현, 서해문집, 2018
〈의식주 Healing Color〉, 박광수, 엔자임하우스, 2014
〈이연식의 서양 미술사 산책〉, 이연식, 은행나무, 2017
〈이이화의 역사 풍속 기행〉, 이이화, 역사비평사, 1999

〈이토록 다채로운 컬러의 안목〉, 오창근·민지영·이문형, 성안북스, 2020
〈인명의 세계사〉, 쓰지하라 야스오 지음, 김미선 옮김, 창조문화, 2008
〈1분 생활 상식〉, 한글 말모이 연구회, 별글, 2019
〈잡학 사전〉 1-2, 김상영, 집사재, 2005
〈조선 시대의 음식 문화〉, 김상보, 가람기획, 2006
〈조선의 백과사전을 읽는다〉, 이철, 알마, 2011
〈조선일보〉 2020년 7월 20일자.
〈죽음의 탄생〉, 실비아 쇼프 지음, 임영은 옮김, 말글빛냄, 2008
〈중국의 힘〉, 조관희, 청아출판사, 2015
〈중세에 살기〉, 자크 르 고프 외 지음, 최애리 옮김, 동문선, 2000
〈중세의 뒷골목 사랑〉, 양태자, 이랑, 2012
〈지구인 상식 사전〉, 동경잡학연구소 지음, 박화 옮김, 웅진윙스, 2008
〈지도로 보는 세계 지명의 역사〉, 21세기연구회 지음, 김미선 옮김, 이다미디어, 2014
〈지리와 지명의 세계사 도감〉, 미야자키 마사카츠 지음, 노은주 옮김, 이다미디어, 2018
〈지리 이야기〉, 권동희, 한울, 2005
〈지식의 반전〉, 존 로이드·존 미친슨 지음, 이한음 옮김, 해나무, 2009
〈지식 팝콘〉, 호기심박스, 눈과마음, 2008
〈지적 세계로 떠나는 지구 여행〉, 서상원, 스타북스, 2015
〈질문?!〉, 랑가 요게슈바어 지음, 전대호 옮김, 에코리브로, 2011
〈짜장면뎐〉, 양세욱, 프로네시스, 2009
〈처음 만나는 스페인 이야기 37〉, 이강혁, 지식프레임, 2018
〈천하무적 잡학사전〉, 엔사이클로넷 지음, 이규원 옮김, 좋은생각, 2012
〈청소년을 위한 고려유사〉, 박영수, 살림Friends, 2009
〈친절한 조선사〉, 최형국, 미루나무, 2007
〈침대에서 읽는 과학〉, 이종호, 북카라반, 2018
〈커피와 크라상〉, 박장호, 선, 2019
〈Color Color Color〉, 김현영·손경애·여화선, 예경, 2003
〈컬러 심리 커뮤니케이션〉, 김용숙, 일진사, 2008
〈컬러의 힘〉, 캐런 할러 지음, 안진이 옮김, 월북, 2019
〈컬러 인문학〉, 개빈 에번스 지음, 강미경 옮김, 김영사, 2018
〈컬러 코디네이터를 위한 색채학 입문〉, 박필제·백숙자, 형설출판사, 1999
〈포켓 속의 세계사〉, 장지연, 미네르바, 2009
〈plus 과학 상식〉, 김정숙·이현정 엮음, 인화, 2007
〈하루 3분 세계사〉, 김동섭, 시공사, 2017
〈하룻밤에 읽는 숨겨진 세계사〉, 미야자키 마사카츠 지음, 오근영 옮김, 알에이치코리아, 2010

〈하룻밤에 읽는 색의 문화사〉, 21세기연구회 지음, 정란희 옮김, 예담, 2004
〈한국 근대사 산책〉 4, 강준만, 인물과사상사, 2007
〈한국문화상징사전〉, 한국문화상징사전 편찬위원회, 동아출판사, 1992
〈한국의 색〉, 이재만, 일진사, 2005
〈한국의 아름다움, 그리고 그 의미〉, 심영옥, 진실한사람들, 2006
〈한국인 중국 민속학자가 쓴 재미있는 중국 풍속 이야기〉, 임선우, 지식과감성, 2018
〈혈통과 민족으로 보는 세계사〉, 우야마 다쿠에이 지음, 전경아 옮김, 니들북, 2017
〈화가는 무엇으로 그리는가〉, 이소영, 모요사, 2018
〈휴식을 위한 지식〉, 허진모, 이상, 2016
〈히스토리아〉, 주경철, 산처럼, 2012